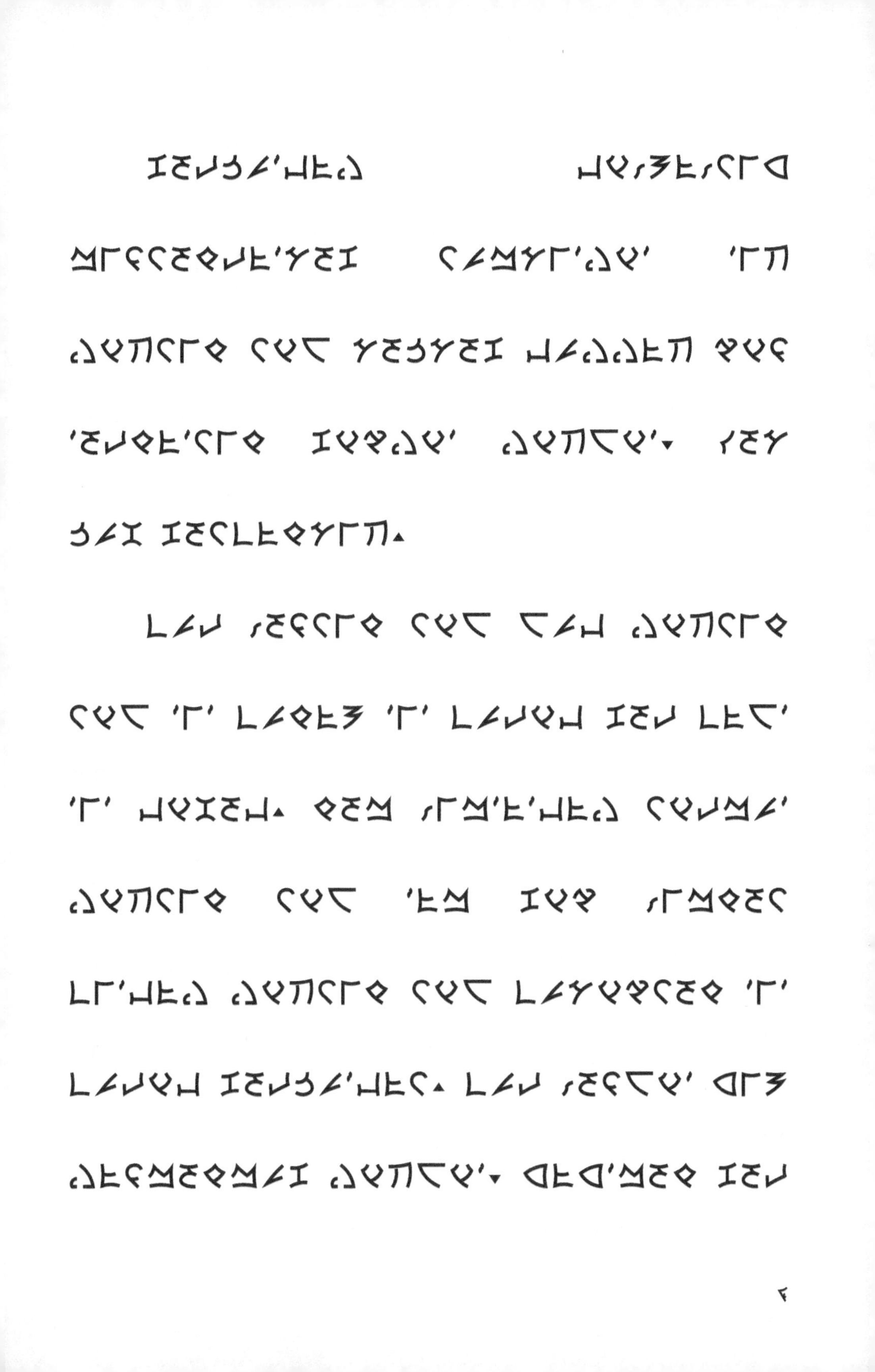

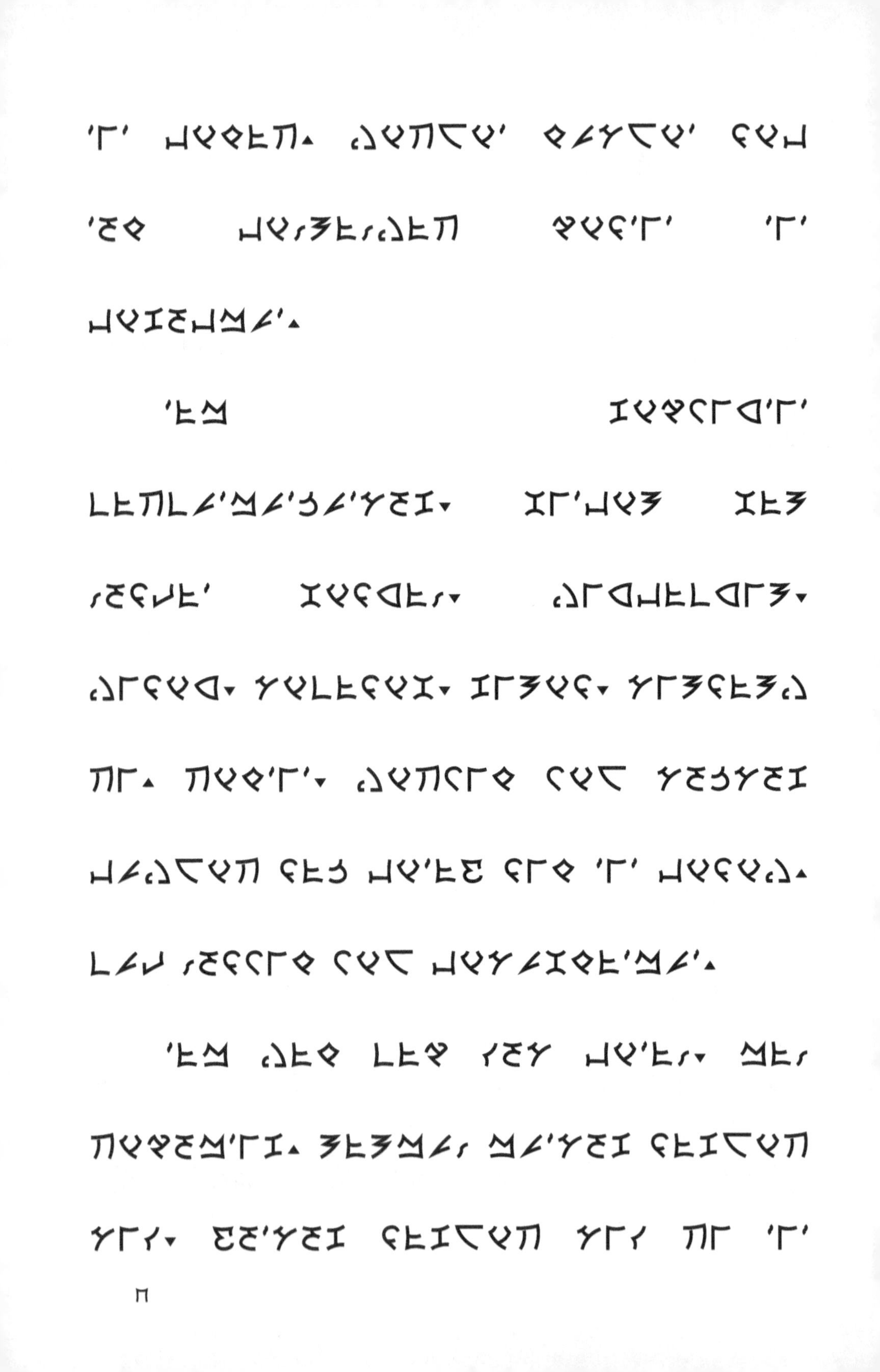

[illegible]

[illegible]

[illegible]

[illegible]

[illegible]

[illegible]

[illegible]

[illegible]

[illegible]

[illegible]

[illegible]

[illegible]

[illegible]

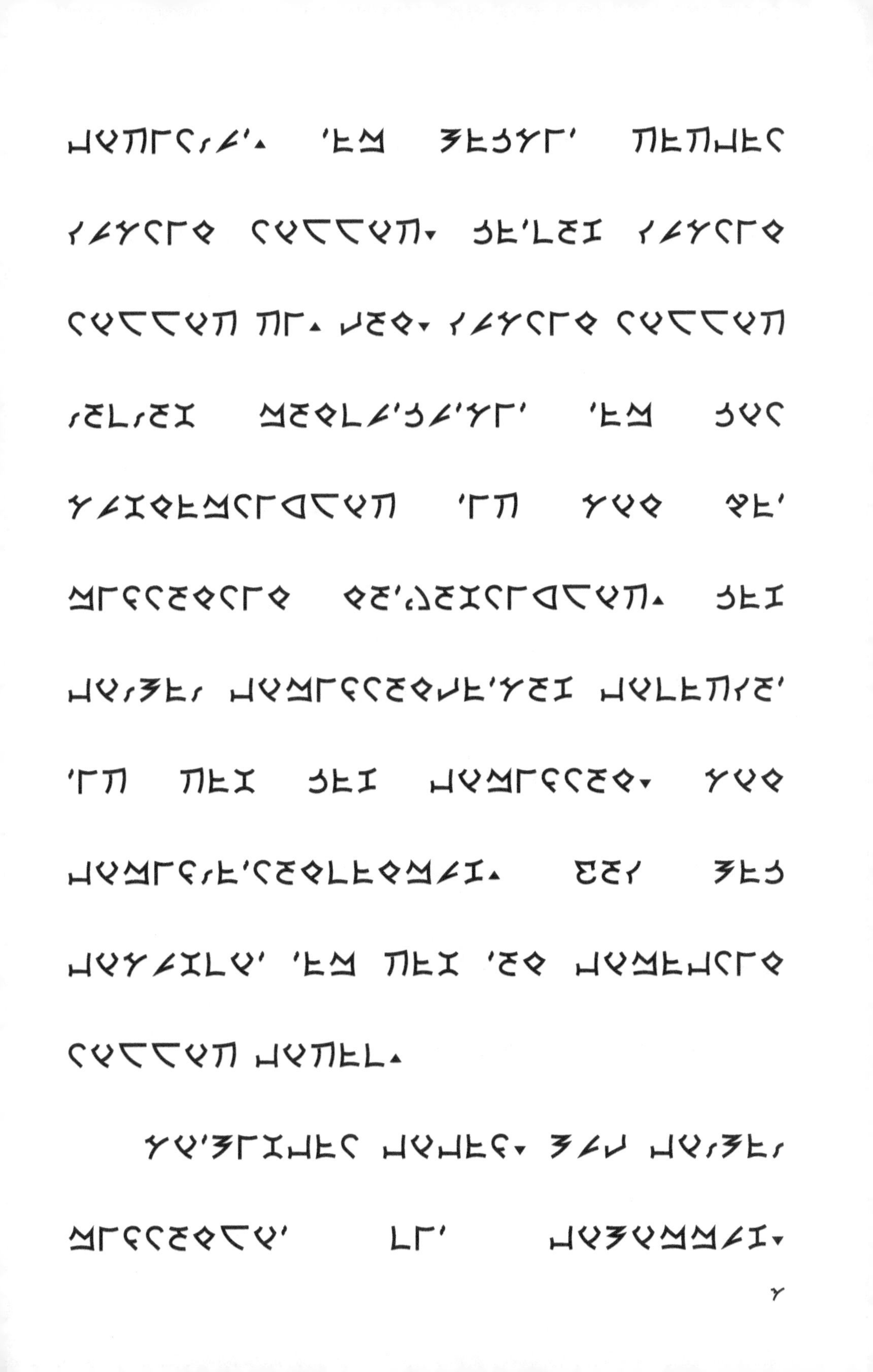

[illegible] [illegible]

[illegible] [illegible] [illegible] [illegible] [illegible] [illegible] [illegible]

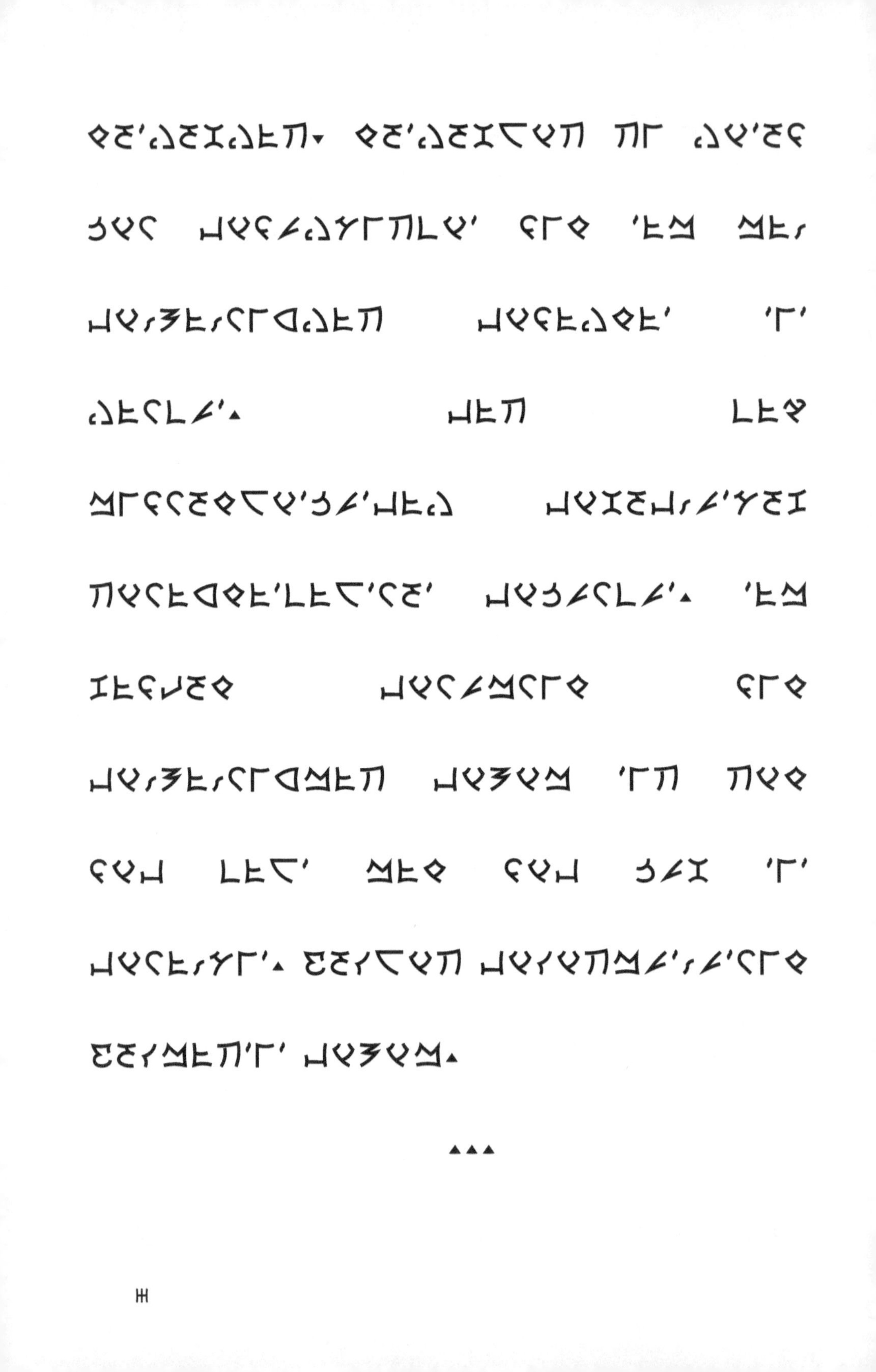

[illegible] [illegible] [illegible] [illegible]
[illegible] [illegible] [illegible] [illegible] [illegible]
[illegible] [illegible] [illegible]
[illegible] [illegible] [illegible]
[illegible] [illegible]
[illegible] [illegible] [illegible]
[illegible] [illegible] [illegible]
[illegible] [illegible] [illegible] [illegible]
[illegible] [illegible] [illegible] [illegible] [illegible] [illegible]
[illegible] [illegible] [illegible]
[illegible] [illegible]

▲▲▲

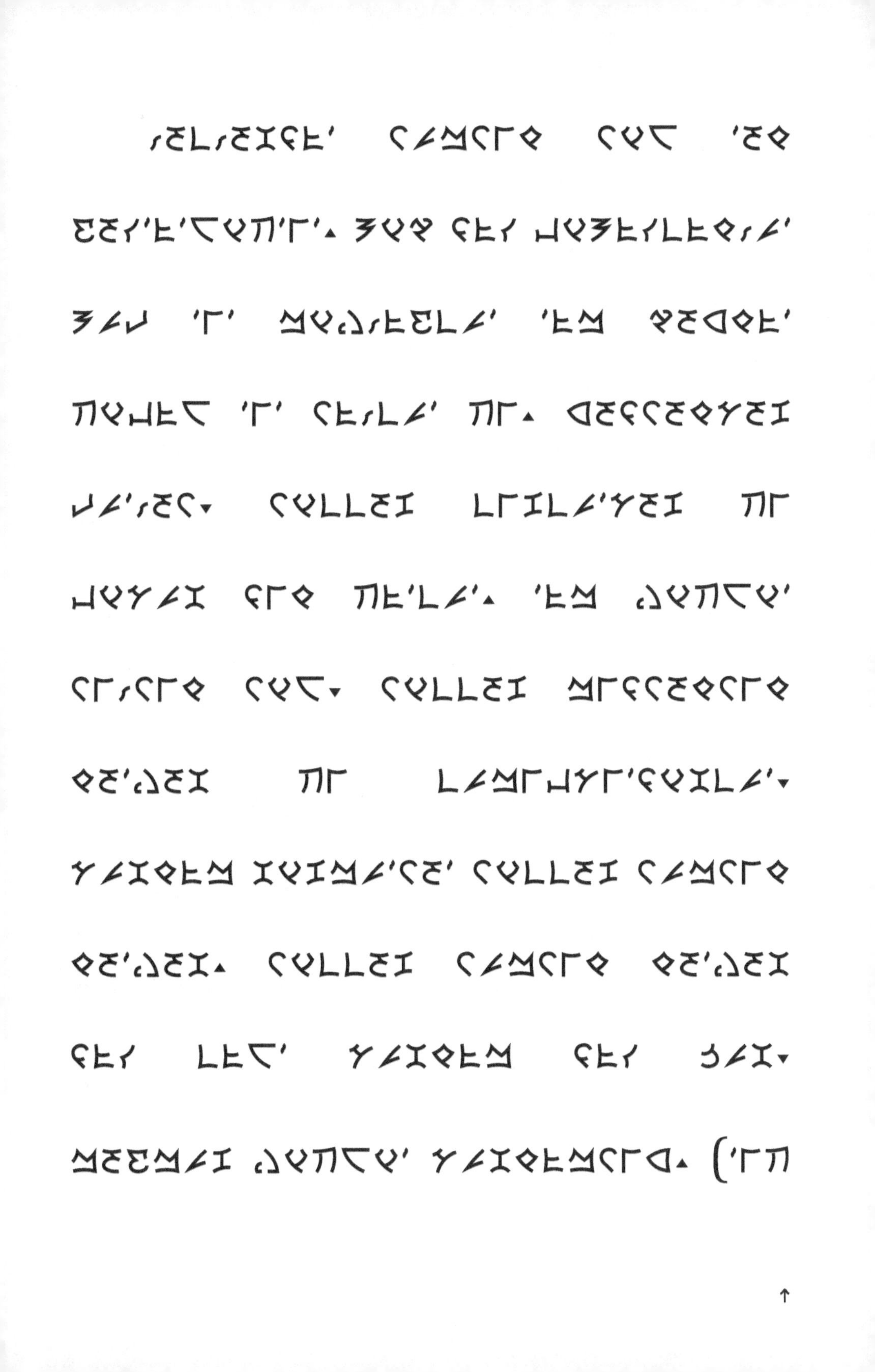

[illegible]

[illegible]

[illegible]

[illegible]

[illegible]

[illegible]

[illegible]

[illegible]

[illegible]

[illegible]

[illegible]

[illegible]

↑

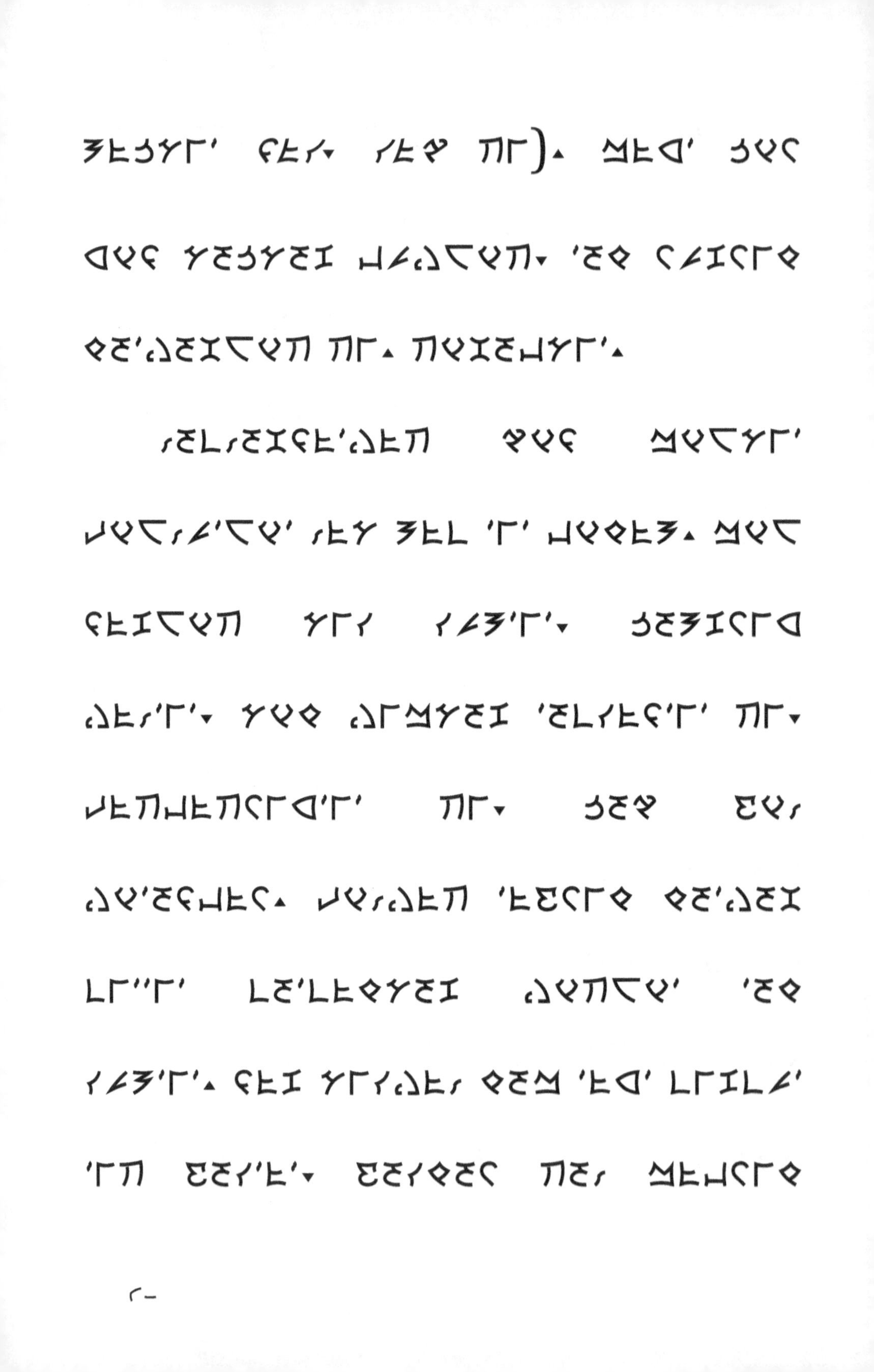

[illegible]
[illegible]
[illegible]

[illegible]
[illegible]
[illegible]
[illegible]
[illegible]
[illegible]
[illegible]
[illegible]
[illegible]

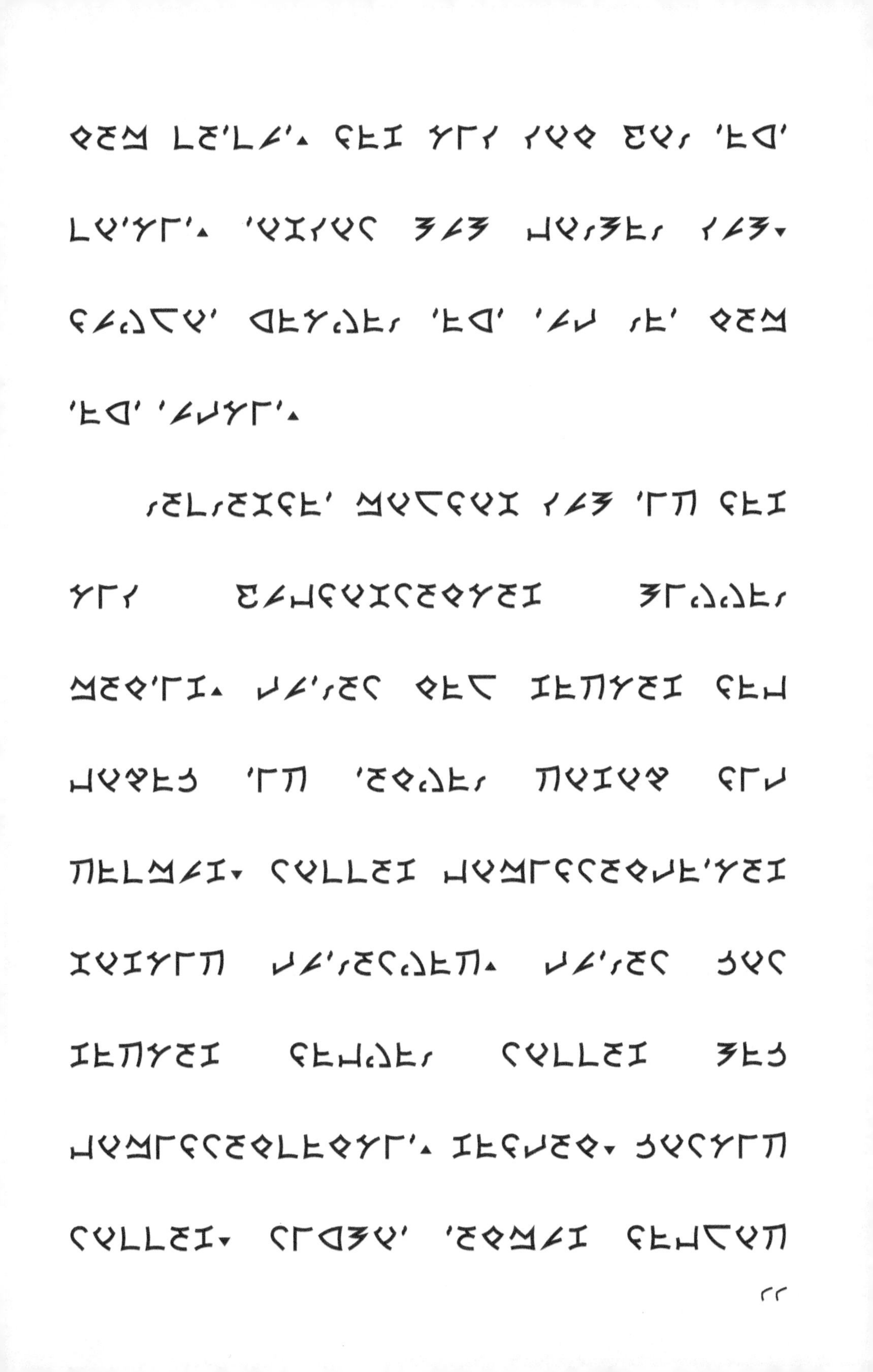

[illegible]

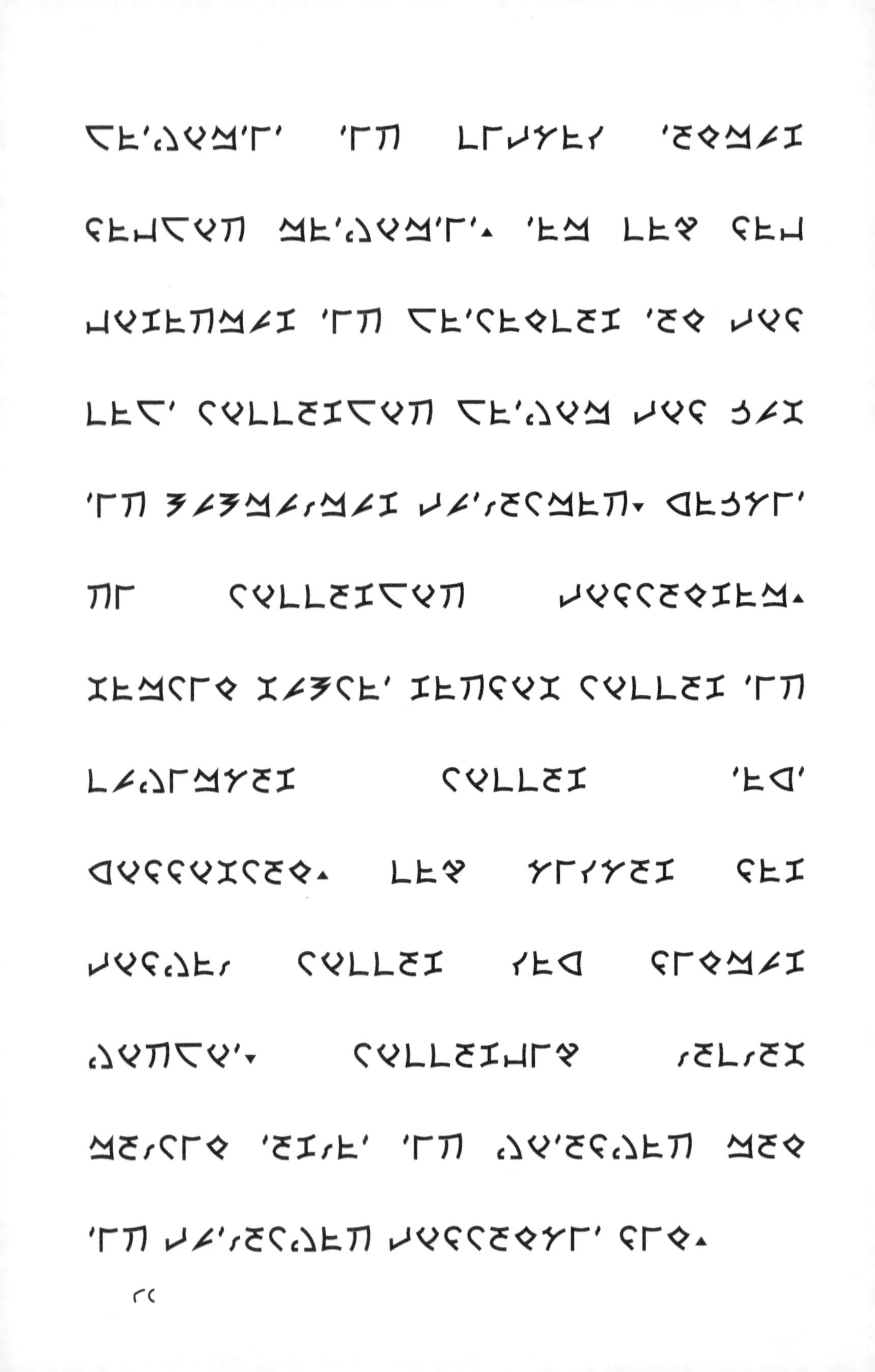

[illegible]

[illegible]

[illegible]

[illegible]

[illegible]

[illegible]

[illegible]

[illegible]

[illegible]

[illegible]

[illegible]

[illegible]

[illegible]

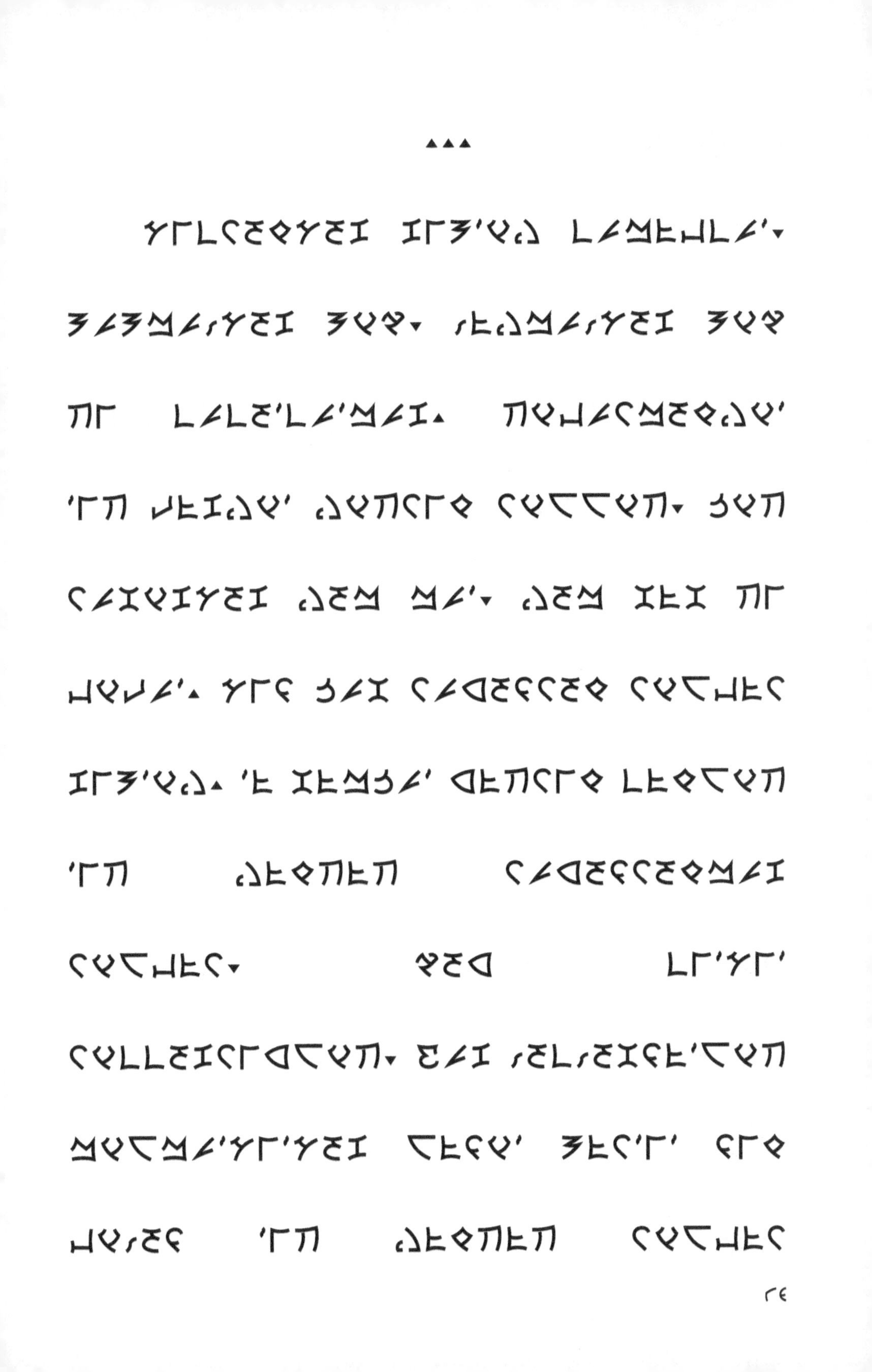

▲▲▲

[illegible]

[illegible]

[illegible]

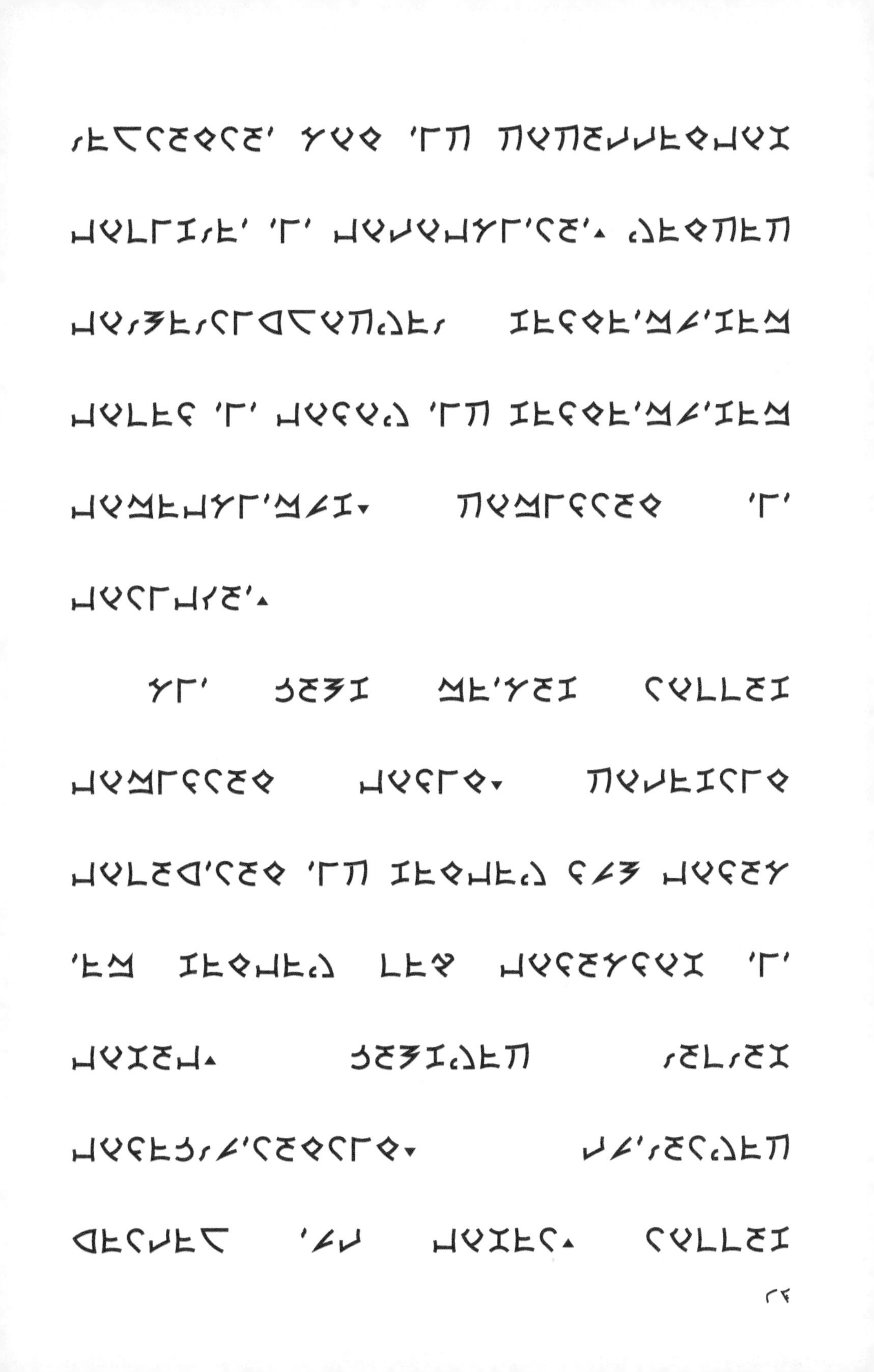

[illegible] [illegible] [illegible] [illegible] [illegible] [illegible] [illegible] [illegible] [illegible] [illegible] [illegible] [illegible] [illegible] [illegible] [illegible] [illegible] [illegible] [illegible] [illegible]

[illegible] [illegible]

[illegible]

▲▲▲

[illegible]

הולֵךְ. כּוֹלֵל יֵשׁ הוֹלְכִין 'וֹם
כּכּ בְּלֵיל'וֹם.

לְ'לְעֵי דֶעָ שׁוֹלְ'עָ לֶ'
תֶּזָלֵכּ זֵל' לֵעֵיֵ בֶּבְכָּשֵׁל'
(כֵּבְלָ. יֲילְלֹ ת הוֹלֵלְ).
כְּהֶכּכָ' זֵזָלֵ כֵּם כְּזמֵת
עלָ. תֶּזָלֵכּ זֵלָל' לֶכּכָ'. כוּלֵ'
בֶּכַלֹ כֶּדֶעֵתֲהֵד זֵזַלֵת.
«תֶּזָלֵכּ זֵל' לֶכּכָזַל». לֶעֲ
דוּתְכּ' לֵ''ת. כוּלְלְלֵ זֵזְלֶעֲ.
תֶּזָלֵכּ זֵל' תְלֶכּכָ' 'ת יֲוֹהלָד
וֹתְכֻ' דֶלַכ תֹלֶ. כּכּ תֶּזָלֵכּ

[illegible]
[illegible]
[illegible]
[illegible]
[illegible]

[illegible]
[illegible]
[illegible]
[illegible]
[illegible]
[illegible]
[illegible]
[illegible]

ᑕᕮ'ᑦᕮᕱ ᗰᘿᙐIᓫᑐᘮᗰ ᕱᒥᑕᑕᑦᒥᗡ ᒣᒥ

ᙓᕮIᓯᘿI ᑐᕮ''ᒥ' 'ᒥᒪ ᒉᕮᗡ' 'ᒥᒣ ᑐᕮ'

ᑐᓯIᒥᒍ ᕱᒥᑕ ᑦᓯᓫᑐ ᒉᕮᗡ'ᒉᒥᕱ ᑦᒥᒍ

ᒣᕮᒪᗰᓯI▾ ᕱᘿᗡ ᒍᘮᑕᒪᕮᑕ' ᓴᕮᓯᗰᕮᒣ 'ᒥ'

ᒍᓯ' ᒉᕮᗡ'ᒉᒥᕱ 'ᒥᒣ ᒉᕮᓯᓫᑐᘿᒍ

ᒣᘿᒍᕱᕮ'ᑦᘿᕱ ᕱᒥᑕ ᑦᓯᓫᑐᓯᘿI▴ ᑐᘮᑦᓯᒥᒣ

Iᓯ'▾ *ᒪᒥᒍIᒥᓯᓯᙐI* 'ᕮᙓᑕᒥᓫᑐ ᒣᕮᕱᗰᓯI

ᒉᕮᗡ'▾ Iᘮᒉ▾ Iᘿᑦᙐᕮᑕ ᒣᒥ 'ᕮᙓᑦᒥᕱ ᑦᘮᑕ

ᒉᕮᓯᓴᓯ' 'ᘿᕱ Iᕮᑦᒍᘿᕱᗰᕮᒣ ᓴᘿᒪᓴᘿI

ᒣᘿᑦᑦᒥᕱ ᑦᘮᑕ ᑦᘮᒉ'ᒥ'▴ 'ᕮᗰ ᙐᕮᙐᗰᓯᓴᓯᒥ'

ᓫᑐᘿ ᗡᕮᒣᒪᓯ'ᓯᘿI▾ ᑕᕮᑦᘮ' ᓯᓯᒍ ᒣᒥ▴ ᓯᘿᙓ

ᑦᘮᒪᒪᘿIᓫᑐᕮᓴ ᓫᑐᘿ ᑕᘮᓴᘿᑦᓫᑐᘮ'▾ ᑐᕮI

ᑕᘮIᘿᒉᓯᘿI ᙐᓯᙐ▴ ᓴᕮIᒍᕮᕱᓯᘿI ᓫᑐᘿ

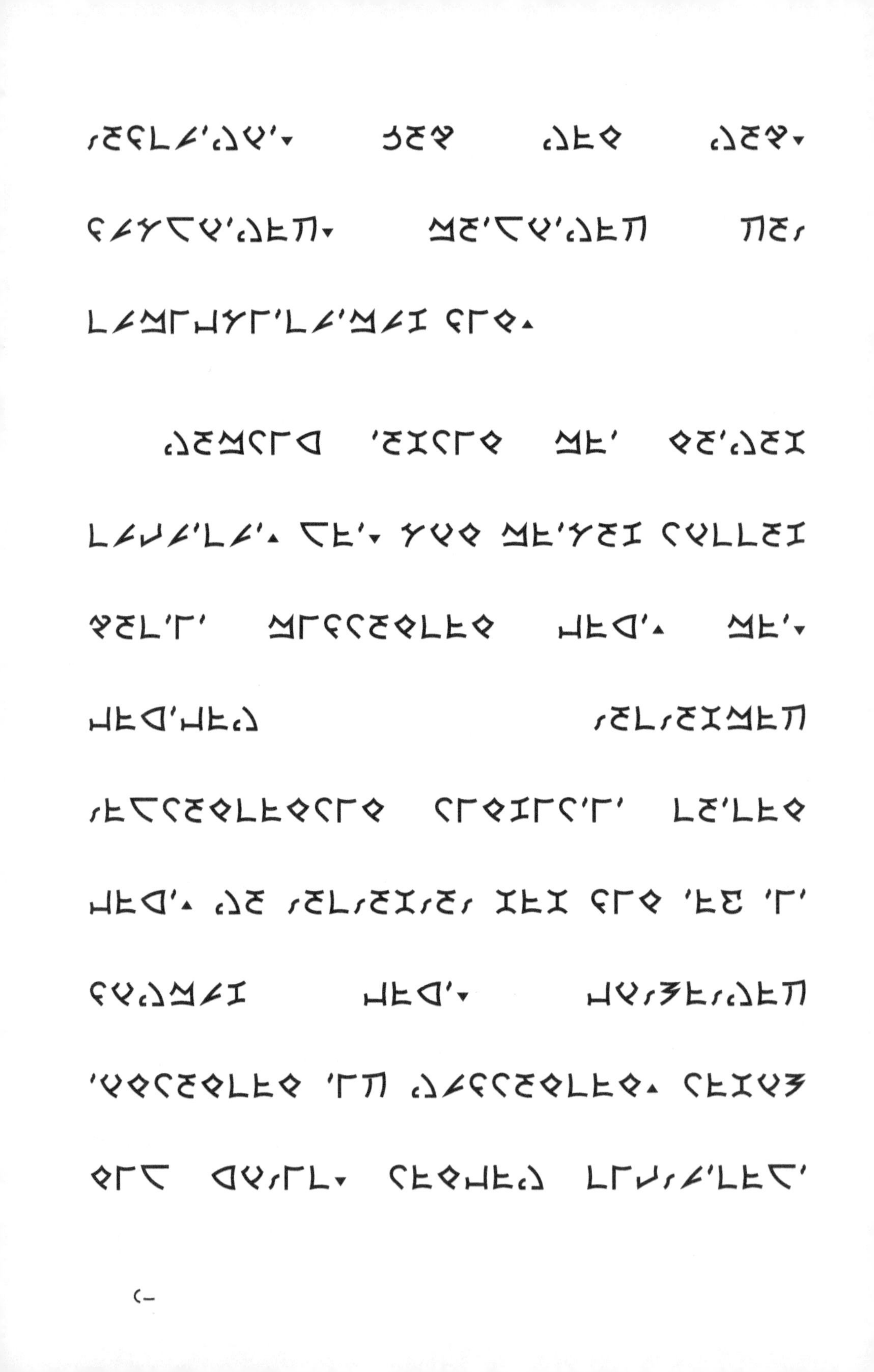

[illegible] [illegible] [illegible] [illegible]
[illegible] [illegible] [illegible]
[illegible] [illegible]

[illegible] [illegible] [illegible] [illegible]
[illegible] [illegible] [illegible] [illegible] [illegible]
[illegible] [illegible] [illegible] [illegible]
[illegible] [illegible]
[illegible] [illegible] [illegible]
[illegible] [illegible] [illegible] [illegible] [illegible] [illegible] [illegible]
[illegible] [illegible] [illegible]
[illegible] [illegible] [illegible] [illegible]
[illegible] [illegible] [illegible] [illegible] [illegible]

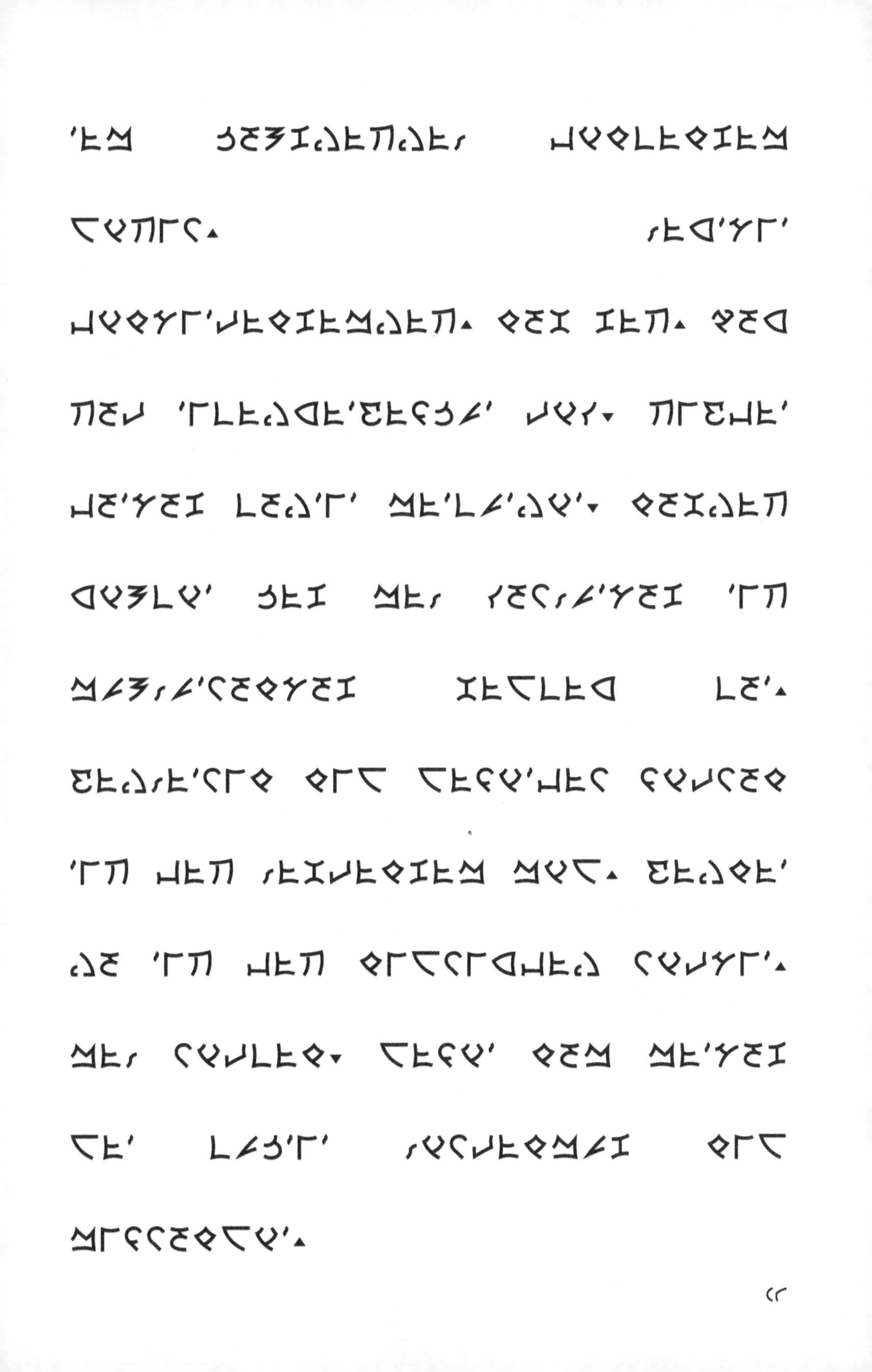

[illegible]

[illegible]

[illegible]

[illegible]

[illegible]

[illegible]

[illegible]

[illegible]

[illegible]

[illegible]

[illegible]

[illegible]

[illegible]

▲▲▲

[illegible]

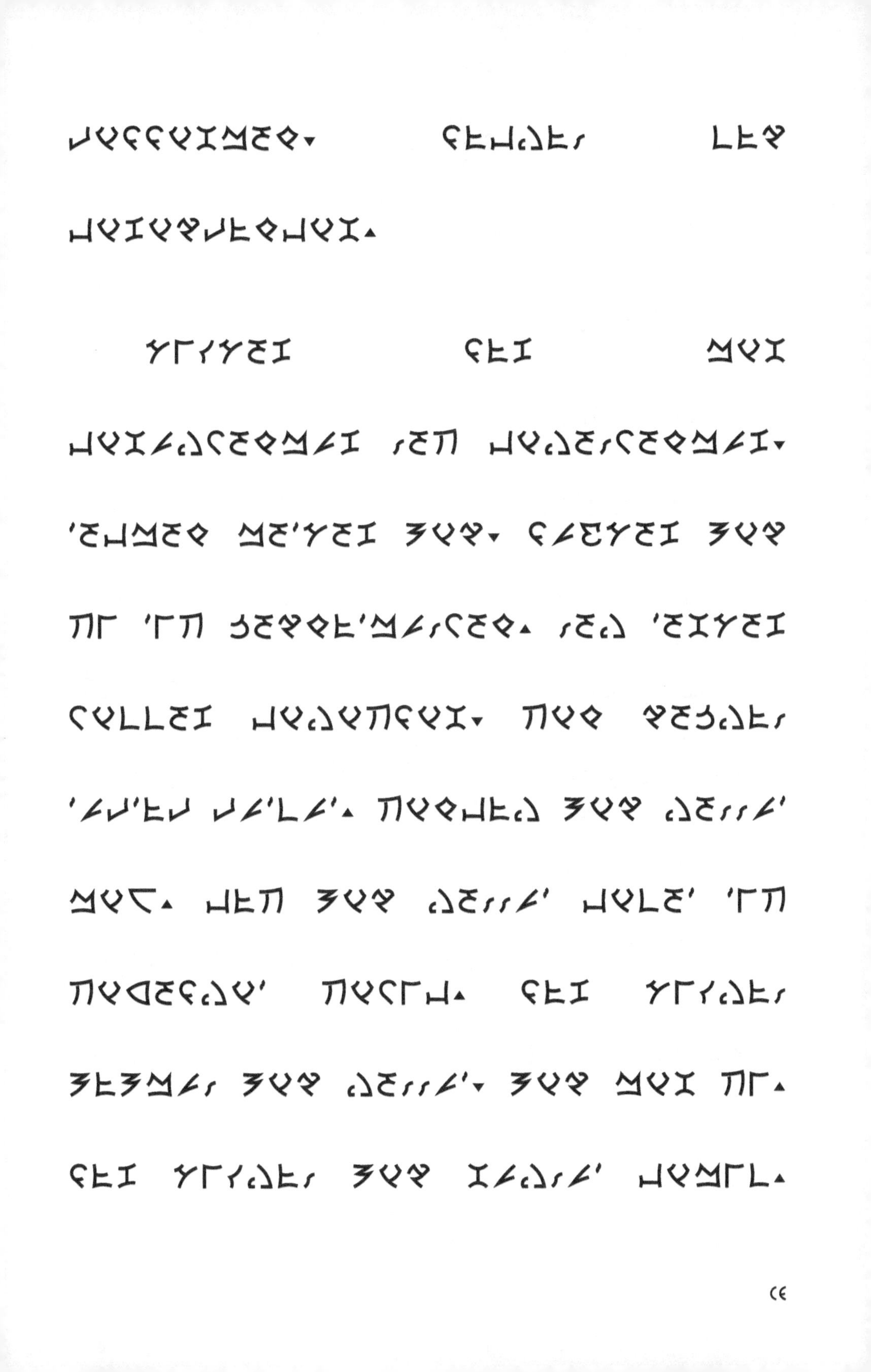

[illegible] [illegible] [illegible]
[illegible]

[illegible] [illegible] [illegible]
[illegible]
[illegible]
[illegible]
[illegible]
[illegible]
[illegible]
[illegible]
[illegible]
[illegible]

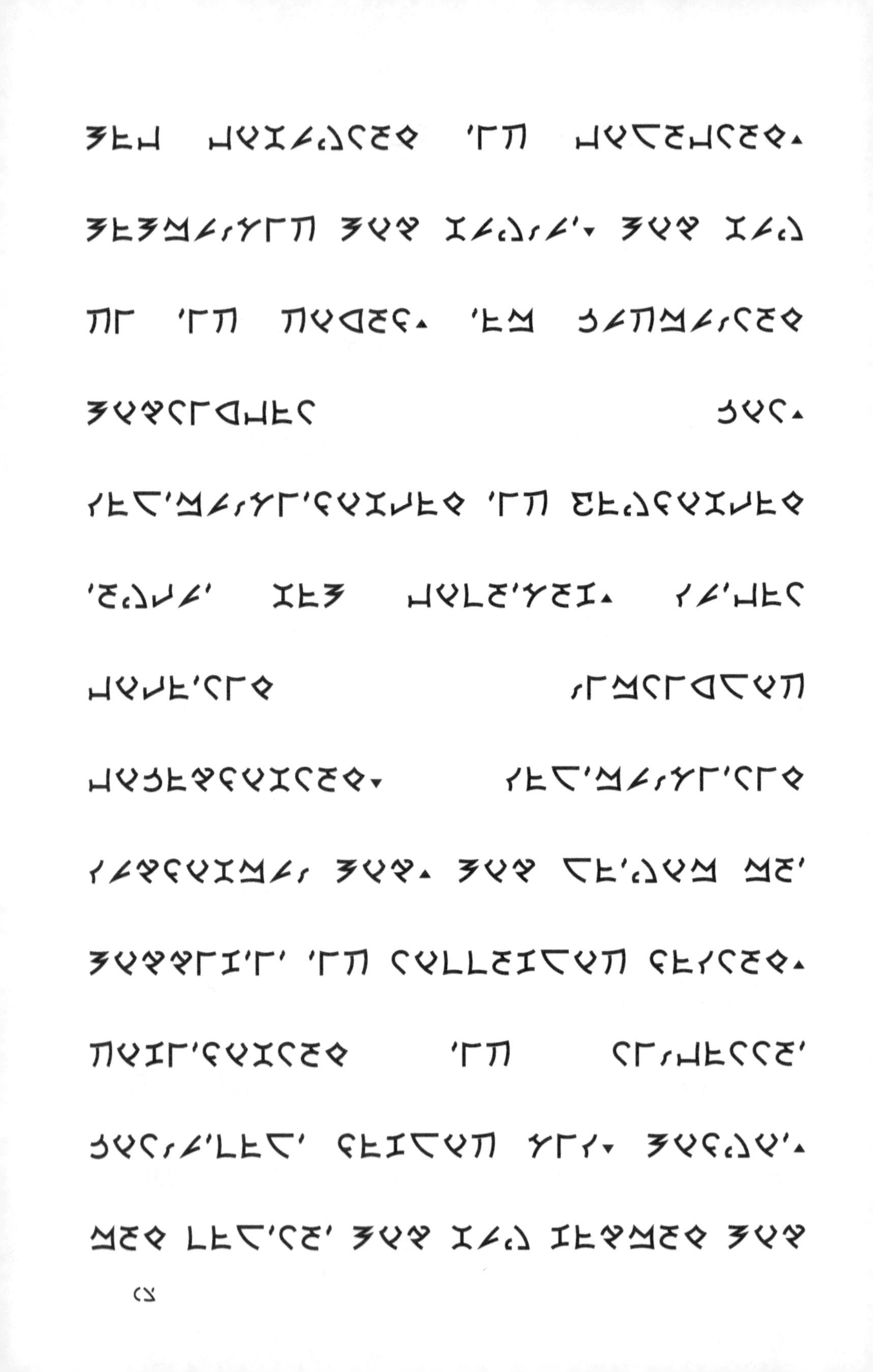

[illegible]
[illegible]
[illegible]
[illegible]
[illegible]
[illegible]
[illegible]
[illegible]
[illegible]
[illegible]
[illegible]
[illegible]
[illegible]

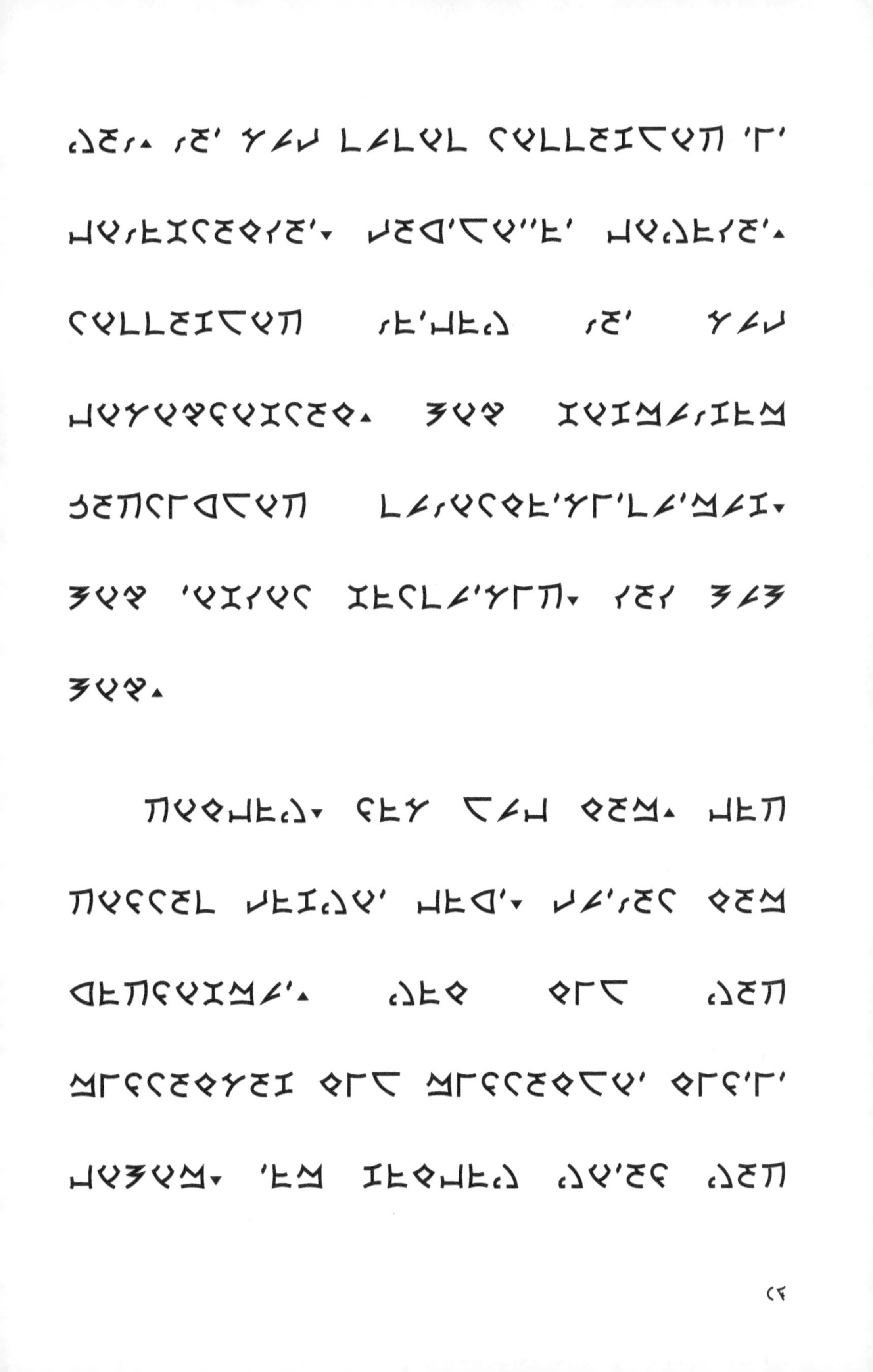

[illegible]
[illegible]

▲▲▲

[illegible]
[illegible]
[illegible]
[illegible]
[illegible]
[illegible]
[illegible]
[illegible]

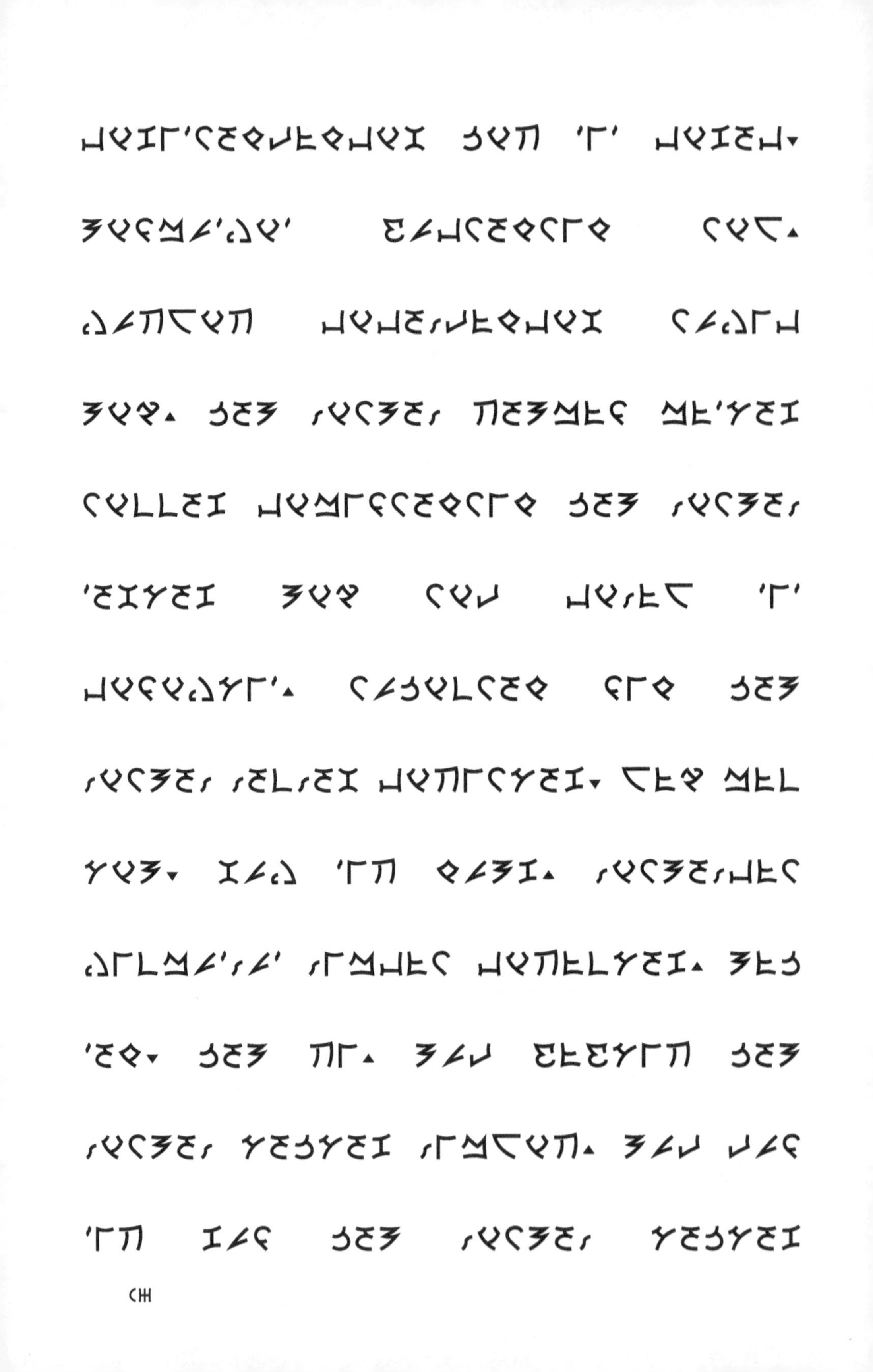

[illegible] [illegible] [illegible] [illegible]
[illegible] [illegible] [illegible]
[illegible] [illegible] [illegible]
[illegible] [illegible] [illegible] [illegible] [illegible]
[illegible] [illegible] [illegible] [illegible]
[illegible] [illegible] [illegible] [illegible] [illegible]
[illegible] [illegible] [illegible] [illegible]
[illegible] [illegible] [illegible] [illegible] [illegible]
[illegible] [illegible] [illegible] [illegible] [illegible]
[illegible] [illegible] [illegible] [illegible]
[illegible] [illegible] [illegible] [illegible] [illegible] [illegible]
[illegible] [illegible] [illegible] [illegible] [illegible]
[illegible] [illegible] [illegible] [illegible] [illegible]

ʌΓΜϹϘΠ'Γ'▾ ʌϘϹЗƸʌ ⅃ΛΠ ΜƸ'ϹϘ'

ЗΛЗ▴ ЗΛ⅃ ϒϘЗʌΛ' 'ΓΠ ΜΕL ϒϘЗ▾

ϚΕ'ЗΕϚ ϹϘϒ ЗΛЗϒƸI IƸЗ IΛЅ ΠΓ

ႱϘΠΕL ႱΕΠ ʌϘϹЗƸʌ ϒϘЗ ϚΛƐLΕϹ'▴

ЗΕI ʎΓЅ ƐΓЗ ϹΛႱ ЗϘϘ ϹϘႱϹΓϘ

ϹϘϹϹϘΠ▴ ⅃Λ'ϹΓϘ ϹϘϹ'Γ'▾

ΠΓϹLΕϘIΕΜ'Γ'▾ ϹΕϚϘ''Γ' ΠΓ ϹΛႱ▴

IΕϘ IϘI ЅΓLΕΜЗƸϘϘ IϘϘ 'Γ'

ΜΕϹ'ΜΛI IϘIϚΕΜ ЗΛЗϒƸI

ЅϘΠϹϘ''Γ'▾ ϚΕʎΜΛʌϹƸϘϒƸI ЗϘϘ

ϒΛIʌΛ' 'ΓΠ ϹϘႱЅΕΠ ЅΓႱ LΕϘЅΕΠ

IΓʎ▴ ΠϘϘ'Γ'▾ ʌΕ'ϹϘΠ 'ƸILΕϹ'ϒƸI

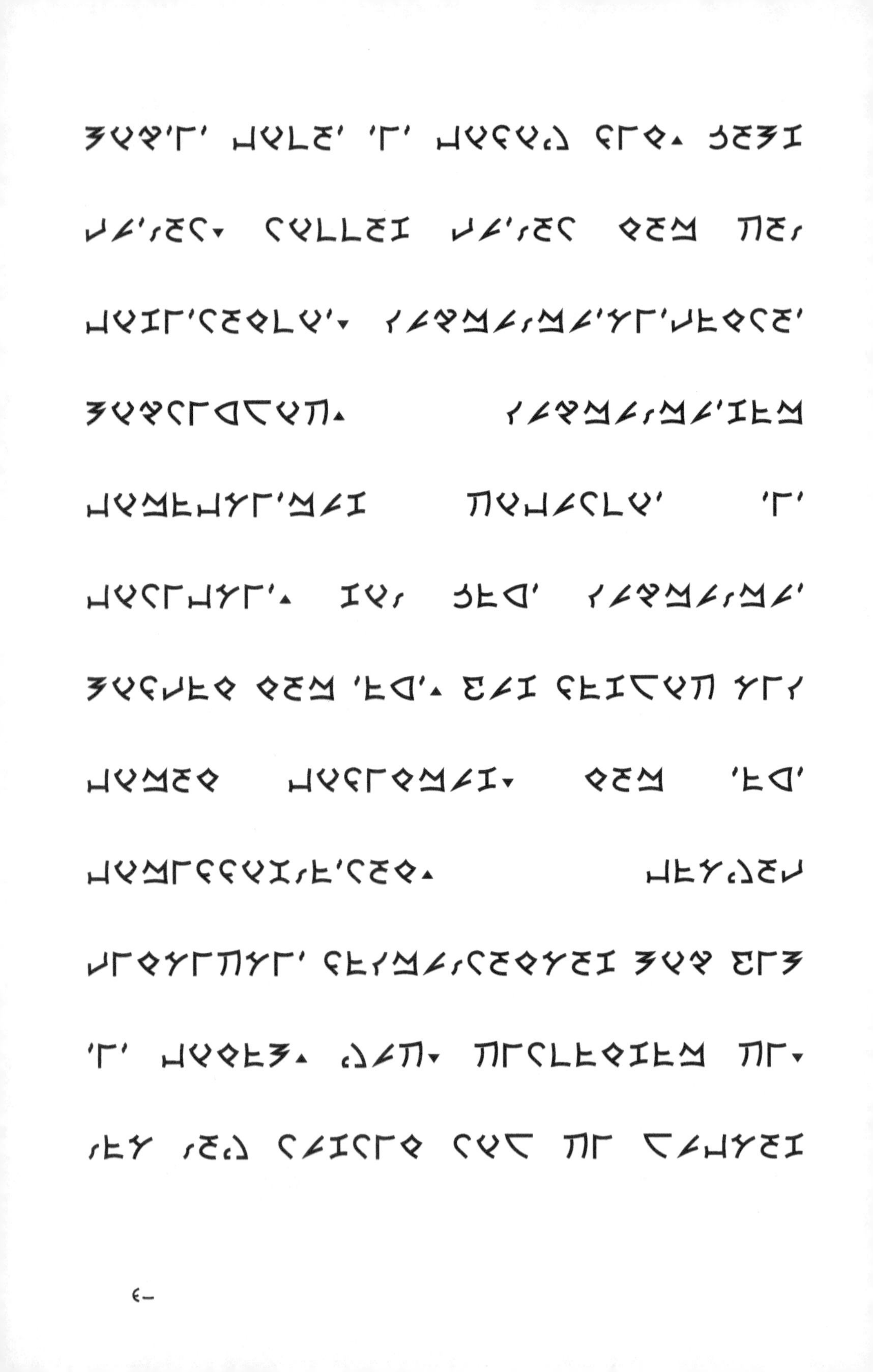

[illegible]

[illegible]

[illegible]

[illegible]

[illegible]

[illegible]

[illegible]

[illegible]

[illegible]

[illegible]

[illegible]

[illegible]

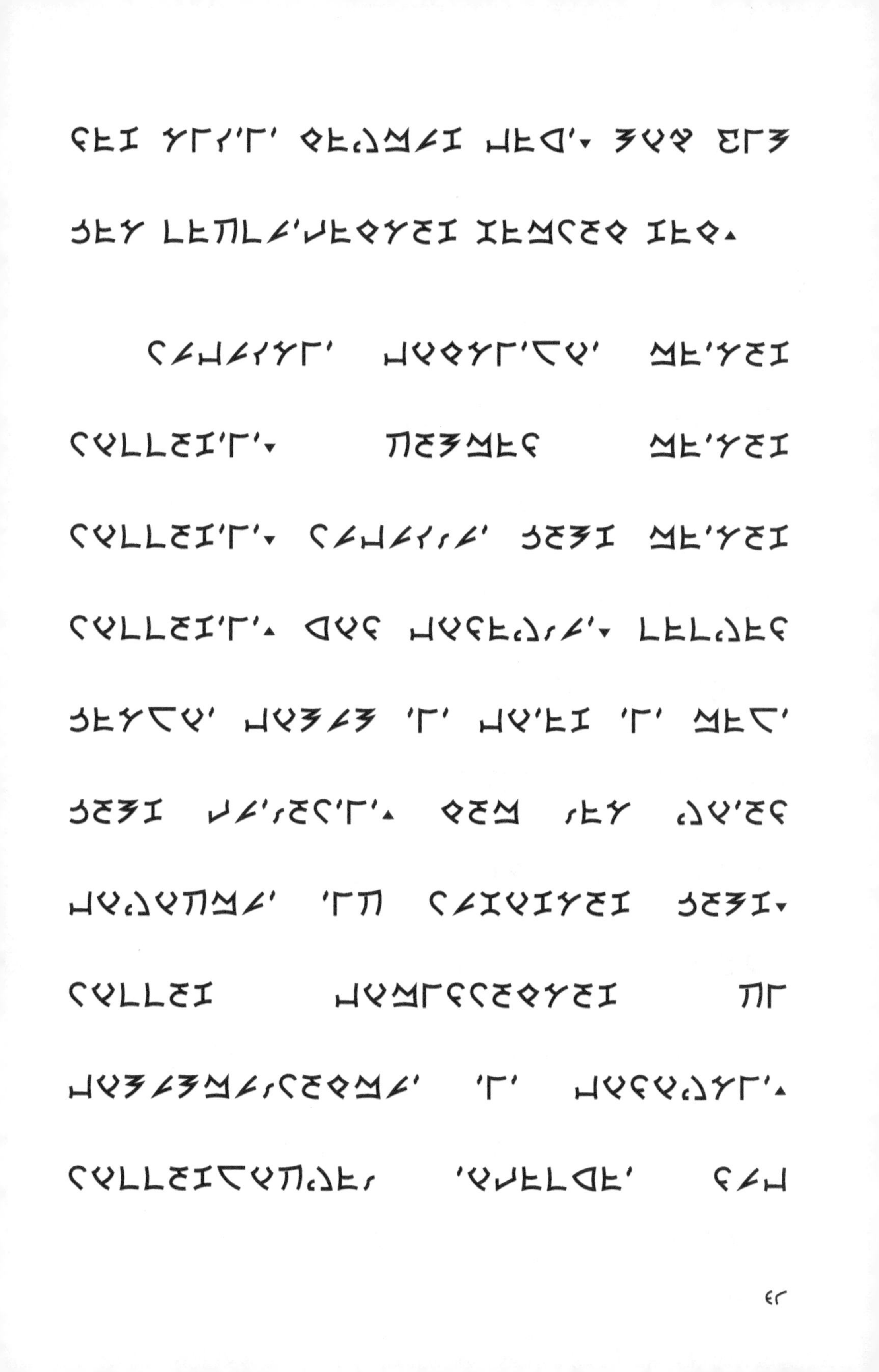

[illegible]
[illegible]

[illegible]
[illegible]
[illegible]
[illegible]
[illegible]
[illegible]
[illegible]
[illegible]
[illegible]
[illegible]

ᒧⴤᶜᑐⴤⲠ 'ГⲠ ᒧⴤLГIᶜᑐⴤ' ⴤⲈ'ᶜᑐⴤYⲈⴤ

ϾГⴤ ƷɅƷ ᐟⲈ'ᶜᑐⲈⲠ ⲘⲈᐟ 'Г' ᒧⴤⲠГϹ ϾГᒧ

ⲠⲈLLⲈⴤ▴ 'ⲈⲘ IⲈⴤᶜᑐⲈᐟ ᶜᑐⴤ'ƸϾ 'Ʌᒧ

ᒧⴤIⲈϹ ⲠГ▴ ᐟⲈYᶜᑐⲈⲠ ᗡⲈϹᒧⲈᑕᶜᑐⲈᐟ

IⲈIᐟɅ'ⲘɅ'ᒧⲈⴤIⲈⲘ ⲘⴤᑕYƸI ᗡⲈϹᒧⲈᑕ

ᒧⴤϾⲈᑕ'▴ ⴤƸⲘ 'ƸIϾⴤIYƸI 'ƸIϾⴤI ⲠГ

ᒧⴤᐟƷⲈᐟ 'ГⲠ YГⲠᑕⴤ' ᐟɅϹϾⴤI▾ ϹГᐟ

ᗡⲈⲠϽⲈ' YГⲠᑕⴤ'▴ ϽⲈ'ᶜᑐɅᑕⲈᶜᑐⲈᐟ

Iⴤ'ƸLᒧ ϾⲈI YГᐟ ᒧⴤLГIᶜᑐⴤ'▾ IⴤYⴤ'

ᐟⴤIᒧƸI ᗡⴤϾ ᑕⲈϾⴤ' LГ''Г' ⲘⲈ'YƸI

ϹⴤLLƸI ᒧⴤIƸᒧ 'Г' ᒧⴤϾⴤᶜᑐYГ'▴

ϹⴤLLƸI ᐟƸLᐟƸI ᒧⴤᗡⲈⲠ 'Г' ᒧⴤϾⴤᶜᑐ▴

ϹⴤLLƸI ᐟƸLᐟƸI ᒧⴤᗡⲈⲠ▾

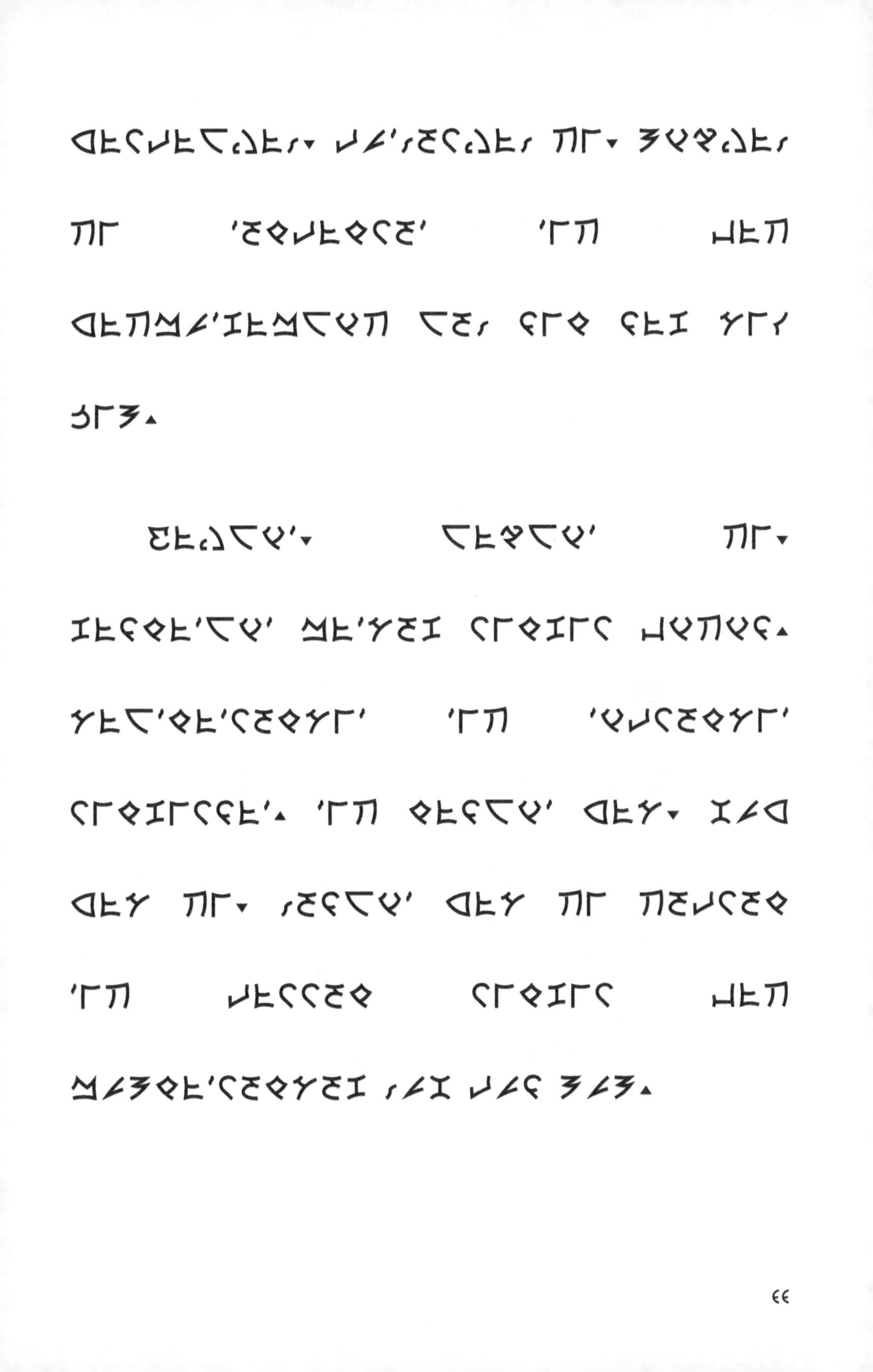

[illegible]

[illegible]

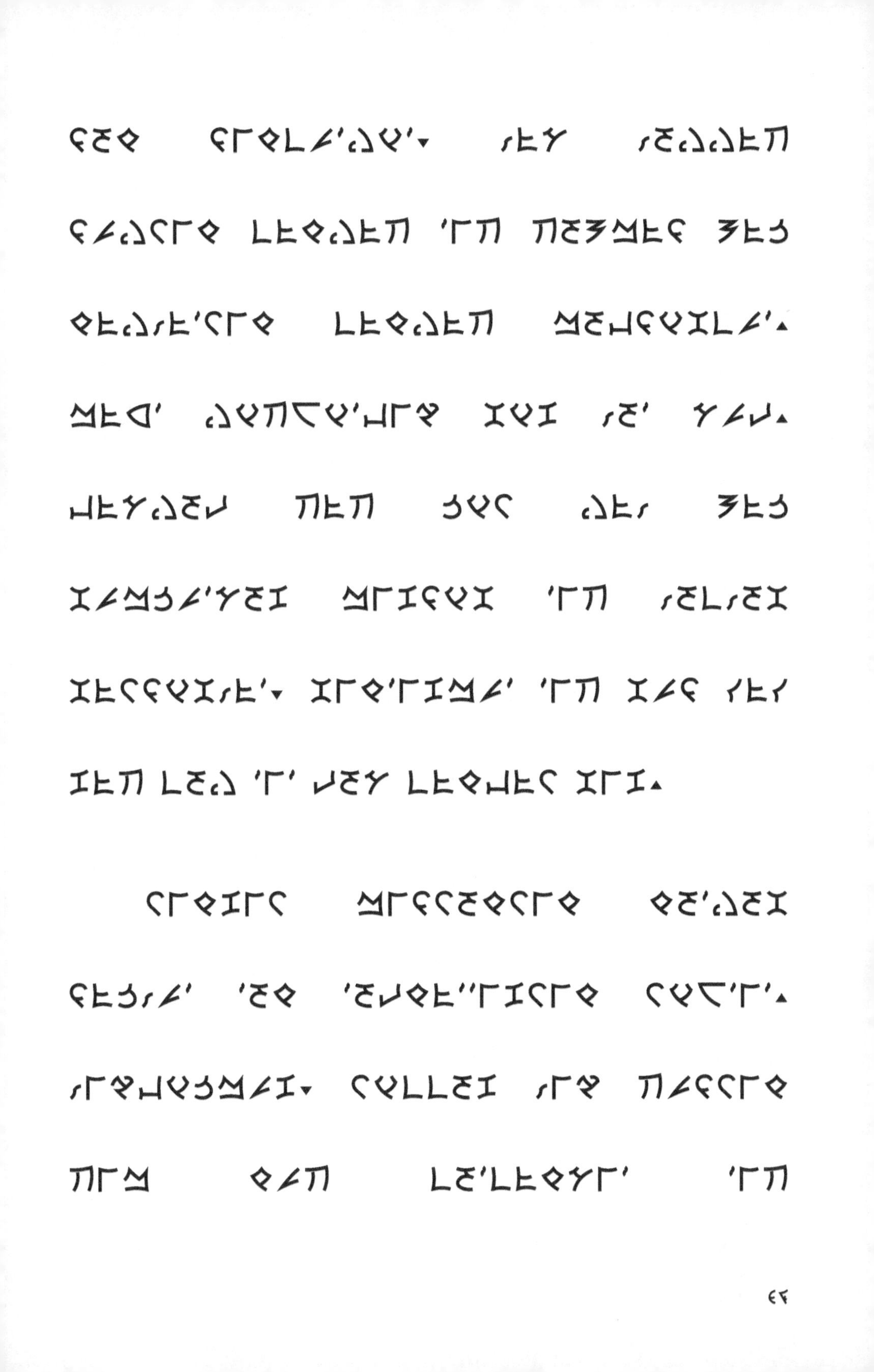

ᑕᑫLLƸIᑕΓᗡ꜀ᓗEΠ ᒍEᎩᑕƸᑫLEᑫᎩΓ' 'ΓΠ

ᑫƸᗡ Ƹ⁄ᒧᑕƸᑫ⸝⁄'LEᑫᎩΓ'▴ LEᑫ꜀ᓗEΠᑕƸ'▾

ᗰΓᑫᑫᑫI ᑫƸ'ᓗƸI꜀ᓗEΠ▴ ᑫEᑐᑫᑫI

ᗡEᎩ꜀ᓗEΠ▴ ᑫEᑐ꜀ᓗᑫ'▾ ΠƸƷᗰEᑫ'Γ'

LΓIᎩƸI ᗰE' ᑕᑫLLƸI꜀ᓗEΠ ᑫΓᑫ 'Γ'

ᑫEƷ▴ ⸝ΓᗰᒧEᑕ ꜀ᓗΓLᑕΓᑫ ᑫƸ'ᓗƸI'Γ'

LƸ'ᎩƸI IEƷ꜀ᓗΓᑫ ᒧᑫᑐEƷᑫE'▾ «Ʒᑫᑫ

ᒧᑫᗰΓLLᑫ' 'Γ' ᒧᑫᑕΓᒧ▾ ᒧEᗡ'

Ʒ⁄Ʒ꜀ᓗᑫ'»▴ 'ΓΠ ΠEᑫ IΓᗡIEᑫ▾ «ᒧEᗡ'

Ʒ⁄ƷᎩƸI ᑕᑫLLƸI'Γ' ᒧᑫᗰΓᑫᑕƸᑫ

ᒧᑫᑫΓᑫ» 'ΓΠ ΠEᑫ ΠΓ ƷƸ꜀ᓗΓᑫ▾ «⸝Ƹ'

Ꭹ⁄ᒍ ᗡᑫᑫE꜀ᓗᏰ» ΠEᑫ LΓᗡƸᑫEƷ꜀ᓗƸ ꜀ᓗE

ᒧᑫᑫᗰᑫᗡ «ᗰΓᑫᑕƸᑫLEᑫᑕᑫ' IEᑫ

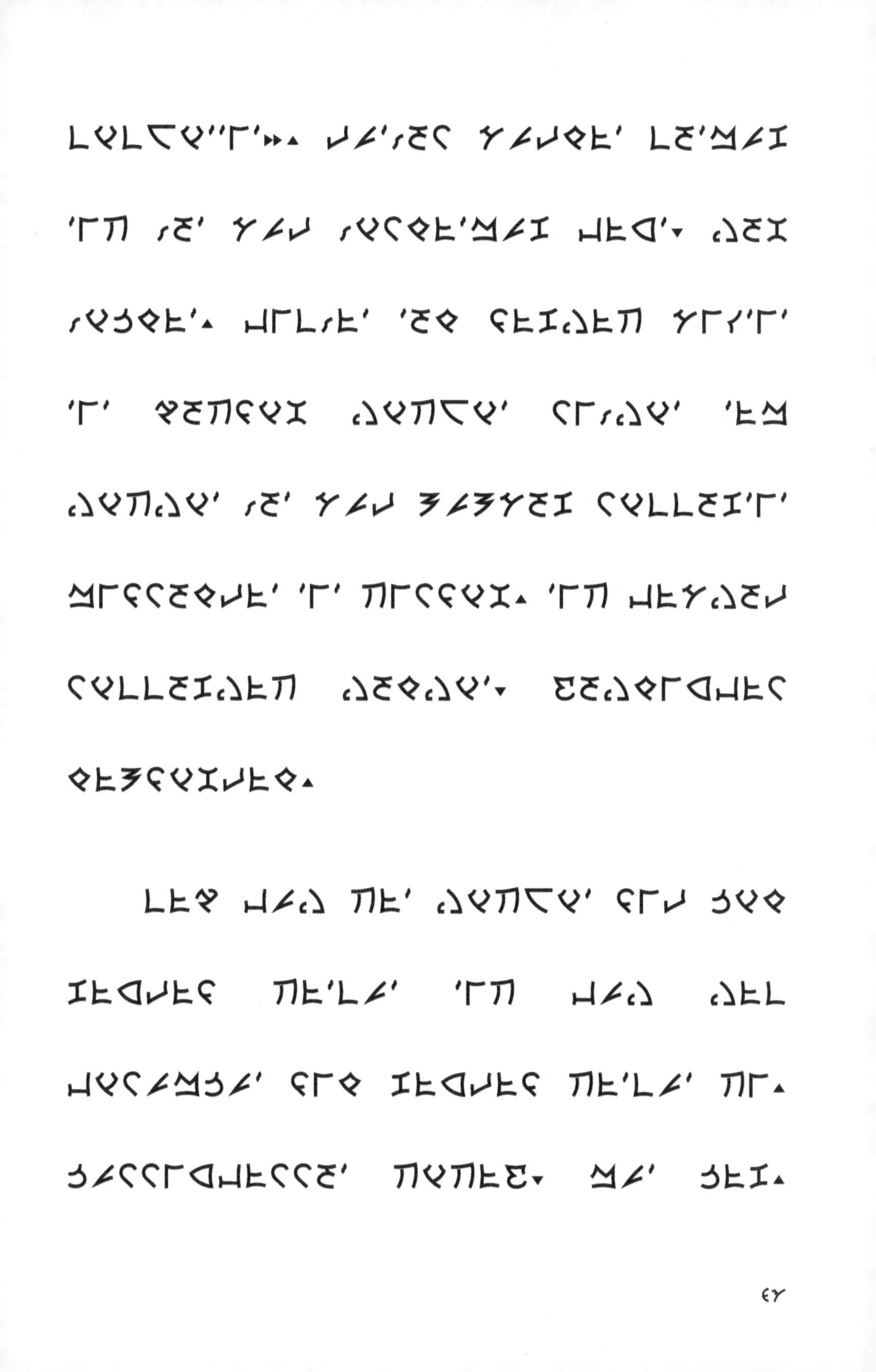

[illegible]

[illegible]

ᒧᕬᒍ ᓯᓱᎩᎩᒥ' ᎩᏋᗡᓯᓱ'ᒍᕋᕬᎩᏋᏆ ᙱᕬᙏᕬᏆ

ᓚᕬᑎᑕᕬ'. ᕬᕋᕬᑕᕬ' Ꭹᓱ' ᙱᓱᙱ ᓚᕬᑎᑕᕬ'

Ꭹᓱ'. 'ᕋᙏ ᒧᕬᒍᑦᒥᗡᒧᒥᕬ ᙱᕬᙏᓚᕬ'

ᓚᕬᑎᑕᕬ'. Ꮖᕋᕬᒧᕋᓚ ᙏᓱ'ᓯᕋ' 'ᒥᑎ

ᗡᕋᑎᙏᓱ' Ꮖᕋᕬ'ᒥ'. Ꮖᕋᓯᕬᕋ'ᑦᒥᕬ ᑦᕬᑕ.

'Ꮛᓯᕬᕋ'ᑦᒥᕬ ᑦᕬᑕ. ᒪᏋᏆ ᒪᒥᏋᑦᒥᕬ ᑦᕬᑕ

ᎩᕬᑎᕬᕬᏆᙏᓱᏆ ᒪᕋᗡᒍᒥᑎᑐᓱ'. ᕬᕋᑐᎩᒥᓚ

ᏋᏋᓚᑦᒥᗡ ᕬᕋᑐ'ᒥ' ᓯᕬᑦᕬᕋ'ᑐᓱ'ᎩᏋᏆ

'ᏋᏆᑕᕬ'ᑐᓱ' ᒧᕋᎩᕬᕋ' ᑕᏋᓯ ᕬᒥᕬ ᙏᕋᕬ.

ᒧᕬᓯᙱᕋᓯᓚᕋᑎ ᕬᕬᕬ ᎩᏋᑐᎩᏋᏆ ᓚᒥ''ᒥ'

ᏆᏋᑎᓚᕬ' ᓚᕬᑎᑕᕬ'. ᙱᒥᕬ ᎩᕋᎩᓯᓱ' Ꮖᓱ' 'ᒥᑎ

ᑎᕬᕬᒧᕋᓚ ᒪᕋᕬ ᑐᓱᑎ Ꮛᓱ'ᒪᓱ'ᓚᕬ'.

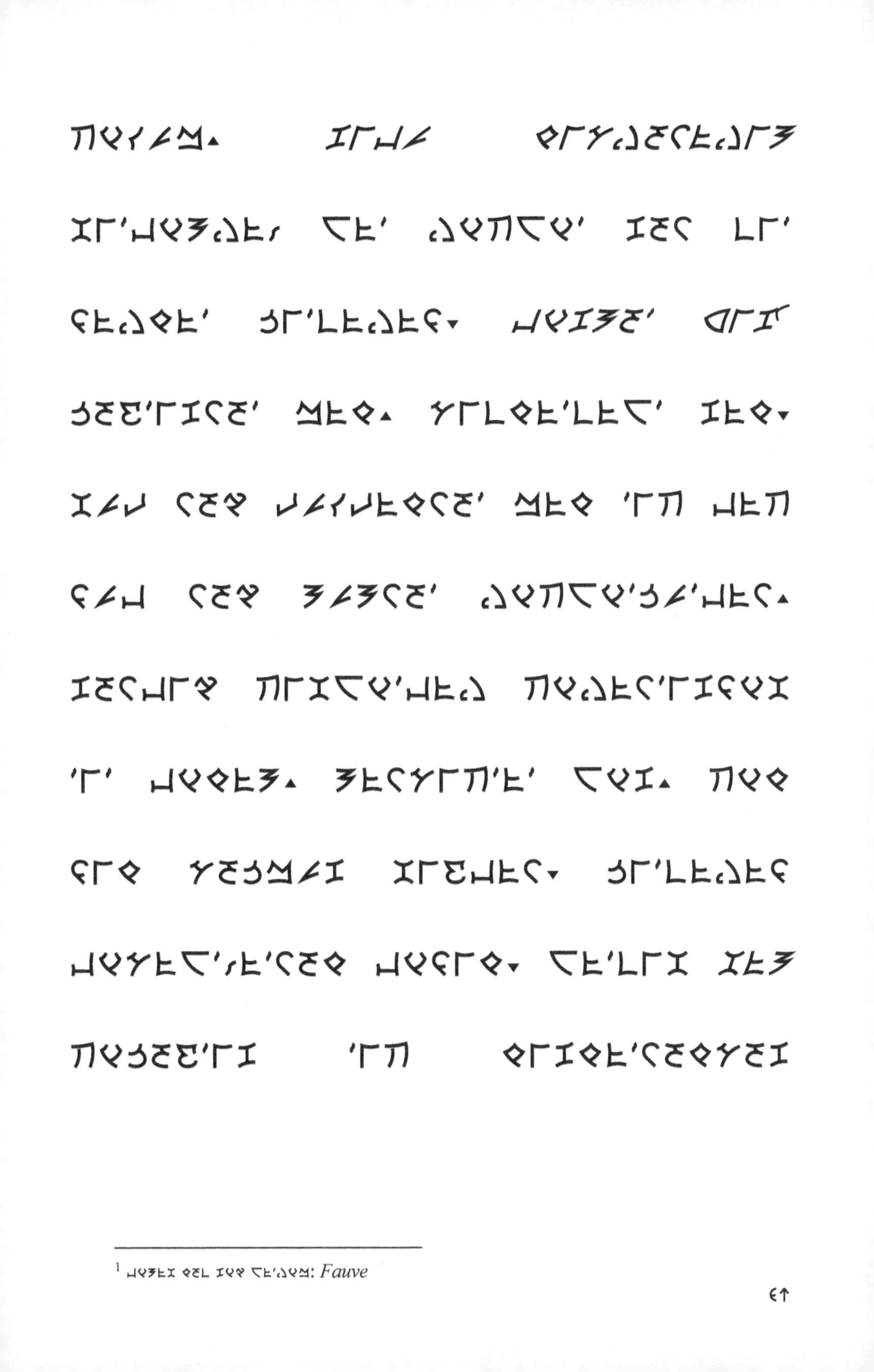

[illegible]

[1] [illegible]: *Fauve*

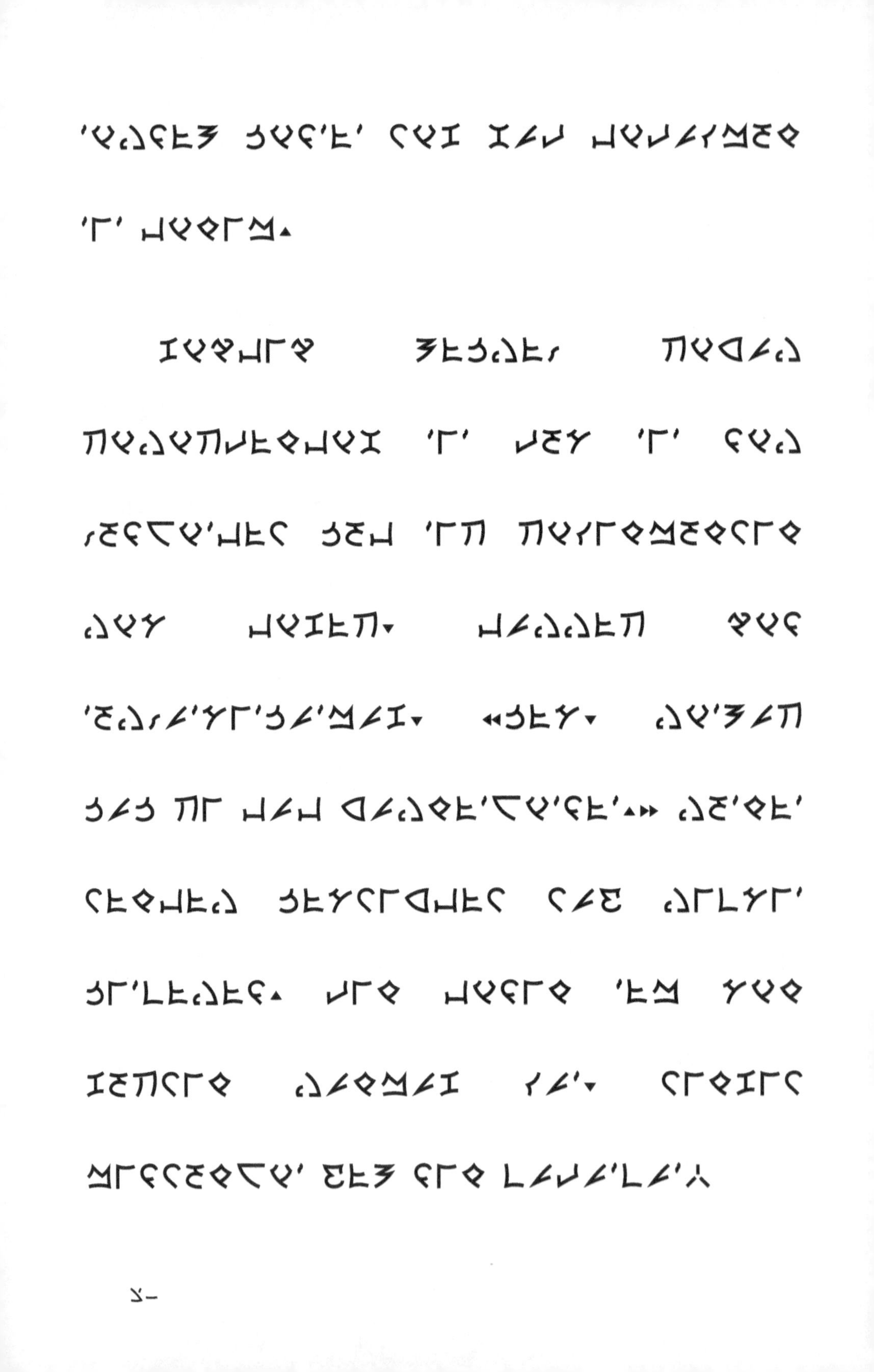

[illegible] [illegible] [illegible] [illegible] [illegible]
[illegible] [illegible]

[illegible] [illegible] [illegible]
[illegible] [illegible] [illegible] [illegible] [illegible]
[illegible] [illegible] [illegible] [illegible]
[illegible] [illegible] [illegible] [illegible]
[illegible] [illegible] [illegible]
[illegible] [illegible] [illegible] [illegible] [illegible]
[illegible] [illegible] [illegible] [illegible]
[illegible] [illegible] [illegible] [illegible] [illegible]
[illegible] [illegible] [illegible] [illegible]
[illegible] [illegible] [illegible] [illegible]

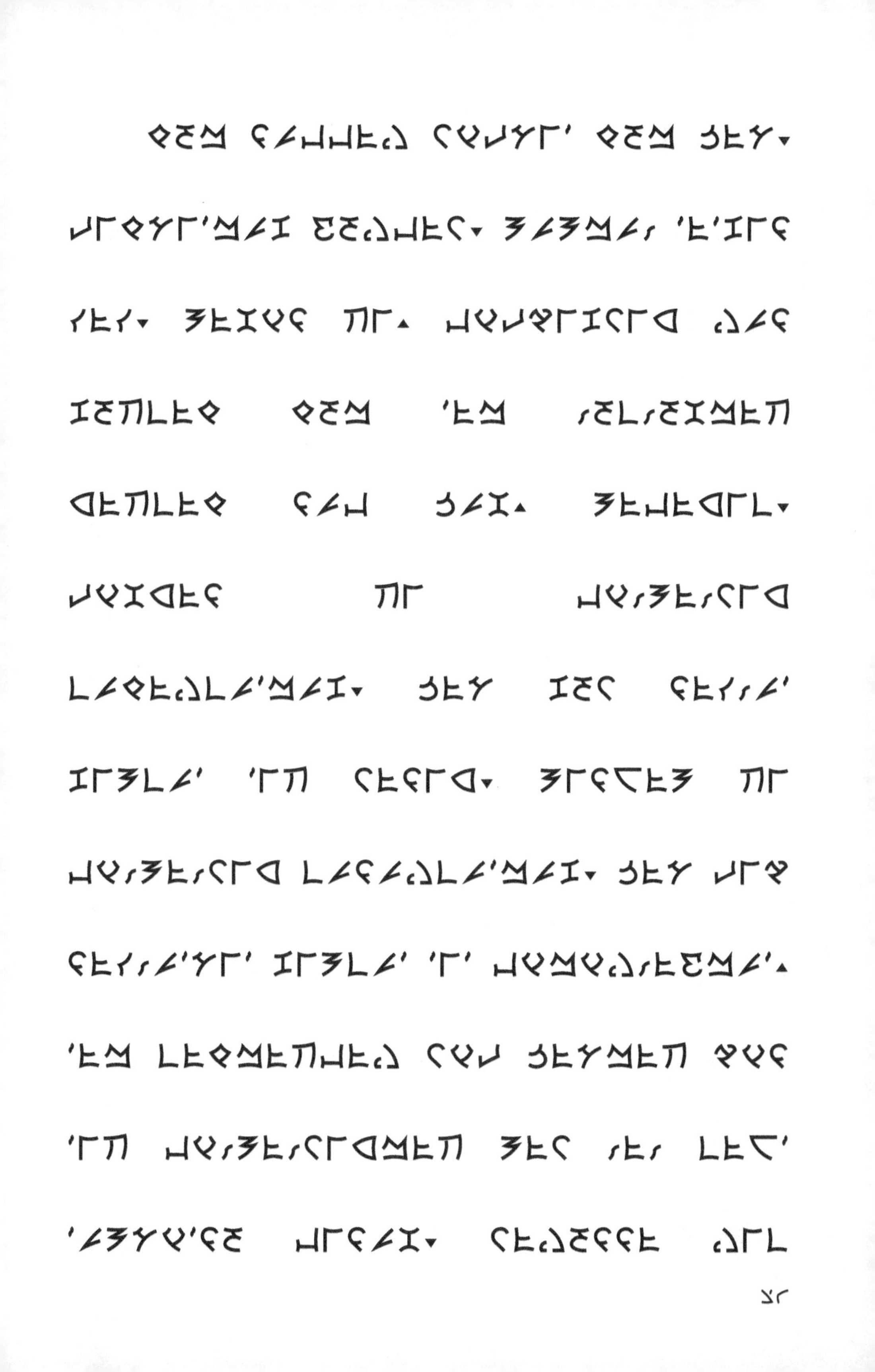

[illegible] [illegible] [illegible] [illegible] [illegible]
[illegible] [illegible] [illegible] [illegible]
[illegible] [illegible] [illegible] [illegible] [illegible]
[illegible] [illegible] [illegible] [illegible]
[illegible] [illegible] [illegible] [illegible]
[illegible] [illegible] [illegible]
[illegible] [illegible] [illegible] [illegible]
[illegible] [illegible] [illegible] [illegible] [illegible]
[illegible] [illegible] [illegible] [illegible]
[illegible] [illegible] [illegible] [illegible]
[illegible] [illegible] [illegible] [illegible] [illegible]
[illegible] [illegible] [illegible] [illegible] [illegible] [illegible]
[illegible] [illegible] [illegible] [illegible]

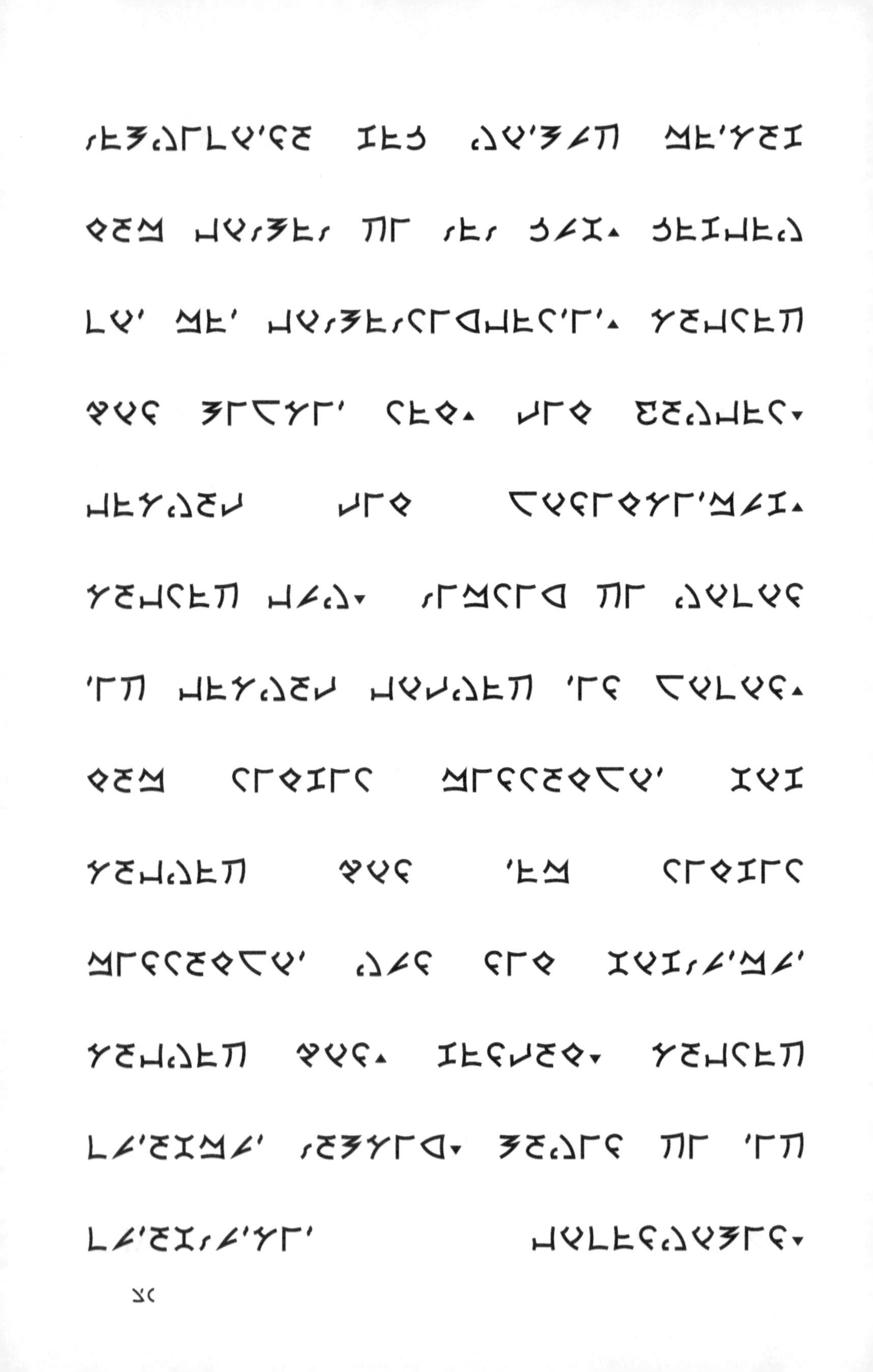

[illegible] [illegible] [illegible] [illegible]
[illegible] [illegible] [illegible] [illegible] [illegible] [illegible]
[illegible] [illegible] [illegible] [illegible]
[illegible] [illegible] [illegible] [illegible] [illegible]
[illegible] [illegible] [illegible]
[illegible] [illegible] [illegible] [illegible] [illegible]
[illegible] [illegible] [illegible] [illegible] [illegible]
[illegible] [illegible] [illegible] [illegible]
[illegible] [illegible] [illegible] [illegible]
[illegible] [illegible] [illegible] [illegible]
[illegible] [illegible] [illegible] [illegible]
[illegible] [illegible] [illegible] [illegible] [illegible]
[illegible] [illegible]

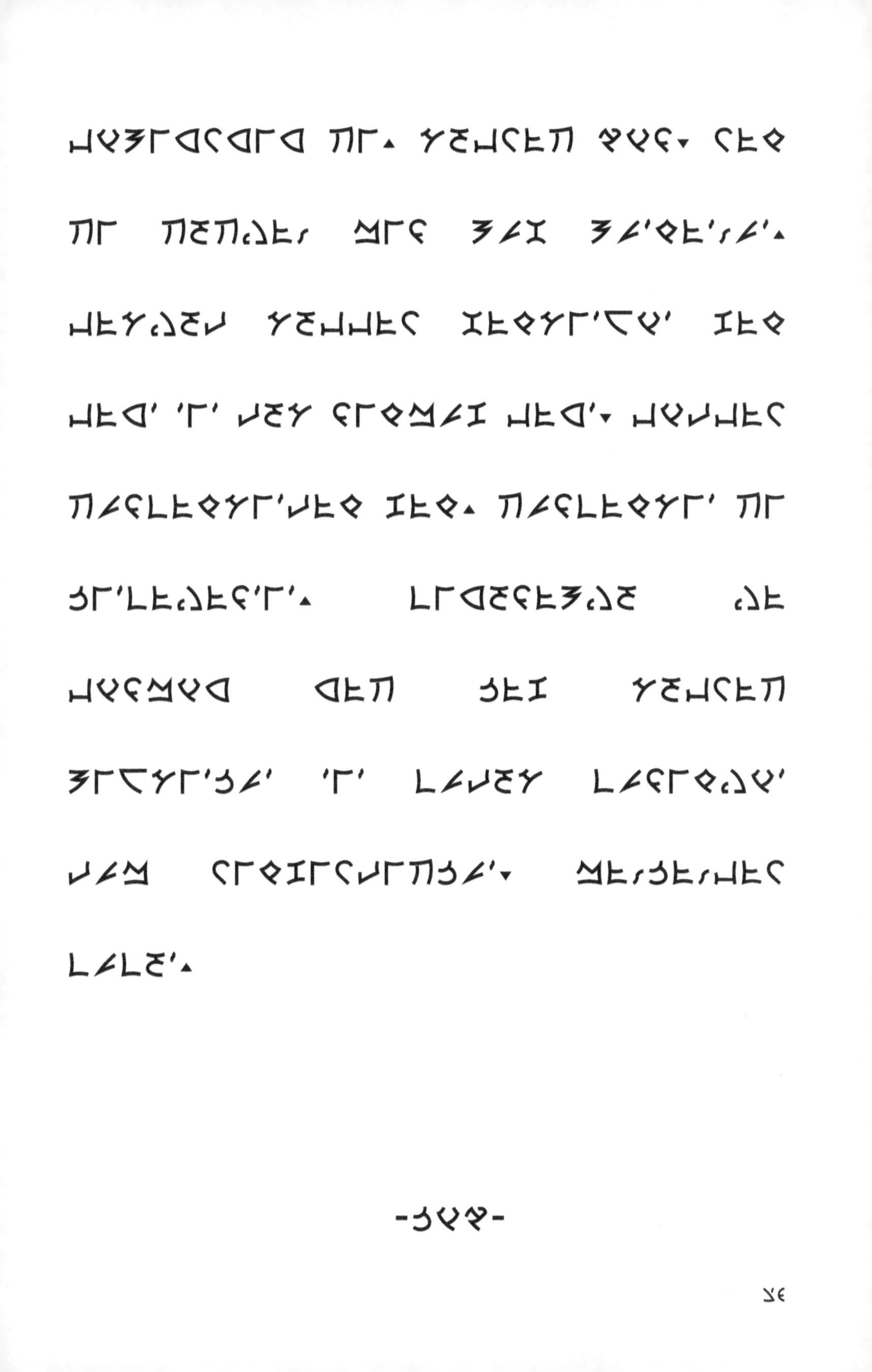

[illegible] [illegible] [illegible] [illegible] [illegible]
[illegible] [illegible] [illegible] [illegible] [illegible]
[illegible] [illegible] [illegible] [illegible]
[illegible] [illegible] [illegible] [illegible] [illegible] [illegible]
[illegible] [illegible] [illegible] [illegible]
[illegible] [illegible] [illegible]
[illegible] [illegible] [illegible] [illegible]
[illegible] [illegible] [illegible] [illegible]
[illegible] [illegible] [illegible]
[illegible]

www.ingramcontent.com/pod-product-compliance
Lightning Source LLC
Chambersburg PA
CBHW031504210526
45463CB00003B/1065
9781716146541